10年間で1万冊を読破した
[illegible]書評家が厳選
いま自分に必要な
ビジネススキルが

1テーマ3冊で身につく本

印南敦史
Innami Atsushi

日本実業出版社

はじめに

ビジネスパーソンのためのニュースメディア「ライフハッカー・ジャパン」で連載「印南敦史の毎日書評」がスタートしたのは、2012年の8月。以来、「ビジネスパーソンがすぐ役立てられそうなもの」であることを念頭に置き、おもにビジネス書、ときには人文書や自己啓発書などを含めたさまざまな書籍をご紹介してきました。

もう10年も経ったとは驚くしかありませんが、改めて振り返ってみた結果、あることに気づきました。ご紹介してきた書籍の大半が、（ビジネス書の場合はとくに）普遍的な内容であるということ。もちろん、その時代にしか通用しないタイプのものもあるとは思います。けれど説得力を持つ書籍は多くの場合、10年の歳月を経ても説得力を失っていないのです。

それは、「時代がどれだけ変わろうと、ビジネスパーソンの悩みは変わらない」といいかえることもできるのではないでしょうか？　事実、どれだけテクノロジーが発展しようとも、それらと向き合う生身の人間は人間でしかありません。どんな時代になったとしても、人は仕事のことで悩むし、泥くさい人間関係にも悩まされるし、将来のお金のことや、パートナーや家族との関係、健康のことも気になるということ。ネガティブな意味ではなく、それが〝普通〟だと思うのです。

だとしたら、この10年に発表してきた原稿を見なおしてみる価値があるのではないか？　そんな思いから誕生したのが本書です。ライフハッカー・ジャパン編集部の方々、そして日本実業編集部の方々に協力していただきつつ、10年分の書評のなかからテーマ分けをし、各テーマごとに3冊を選書したもの。ただし、単に「売れた本」だけを選んでいるわけではなく、ましてや個人的な思いを重視しているわけでもなく、ライフハッカー・ジャパンの読者に響きそうな書籍を厳選しています。

ちなみに僕は、ライフハッカー・ジャパンの書評にはなるべく主観を入れないように意識してきました。ニュースメディアである以上、そこに個人的な主観は必要なく、あくまで「こういう本がありますよ」と提案をする立場でいるべきだと考えてきたからです。だからそのぶん、肩肘を張ることなく気楽に読んでいただけるのではないかと自負しております。全35テーマ、１０５冊を紹介していますが、ぱらぱらとページをめくっているときにちょっと気になったとか、なんとなく興味を引かれたというページを読んでみるだけでも、相応のビジネススキルを学ぶことができるはず。

なお各章末には、ライフハッカー・ジャパンの編集長である遠藤祐子さんと僕による各ジャンルの傾向も掲載されています。これは対談をベースにしたもので、本書の刊行に併せ、全文がライフハッカー・ジャパンで読めるようにもなっているはずです。そちらもぜひチェックしてみてください。

いつの時代もビジネスパーソンを悩ませる不安や苦悩から抜け出すための糸口を、ここで紹介した書籍のなかから見つけ出していただければ光栄です。

2022年11月

印南敦史

いま自分に必要なビジネススキルが1テーマ3冊で身につく本◆目次

第1章 仕事力がどんどん高まる1テーマ3冊

第2章 コミュニケーション力がどんどん高まる1テーマ3冊

第3章 数字力がどんどん高まる1テーマ3冊

第**4**章

プロフェッショナル力がどんどん高まる1テーマ3冊

第5章

ビジネス教養を磨く1テーマ3冊

装丁　井上新八
協力　遠藤祐子・丸山美沙（ライフハッカー・ジャパン）
　　　齋藤康敏
DTP　一企画

第1章

仕事力がどんどん高まる 1テーマ3冊

仕事力を高めるスキルとは？

第1章では「仕事力を高めるスキル」として「思考法」、「情報整理」、「資料作成」、「プレゼンテーション」、「メール・チャット文章力」、「仕事術」、「勉強法」と7テーマに関するスキルを取り上げ、それぞれ3冊ずつご紹介しています。

僕は、仕事力とは個人力だと考えています。もちろん第2章以降のテーマについてもいえることですが、組織に属していたとしても最終的に説得力を持つのはその人自身の力です。個人的な価値観や人生経験、判断能力などが集約された結果として個人の力が生み出され、仕事の場で発揮され、成果につながっていくということ。つまり組織の人間であるということは実際のところ、個人力を試されるということでもあるわけです。

仕事に臨む場合——日本においてはとくに——組織内で他者と歩調を合わせな

がら、チーム単位で動くなど、集団で行動することが求められるでしょう。したがって〝個〟であり続けることが難しいという側面があるわけですが、もう、そういう時代ではないのも事実。日ごろからそう感じている方も、実際のところ多いのではないでしょうか？

だとすれば、日本型の組織で柔軟に働きながら、同時に個人としてのスキルを身につけることが求められることにもなるはず。本章では、そうした考え方を軸として7種のスキルをご紹介しているのです。

VISION DRIVEN

直感と論理をつなぐ思考法

佐宗邦威（ダイヤモンド社）

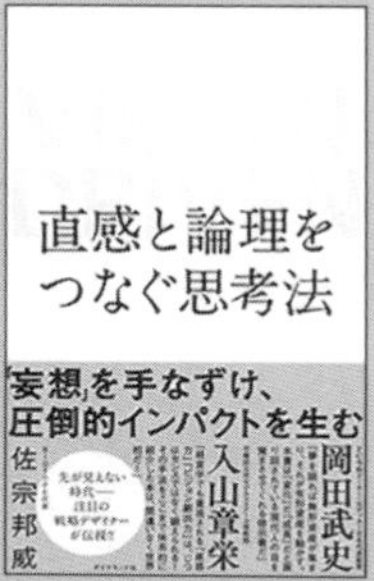

（2019年刊行）

そもそも、ビジョンとは？

本書でいう「ビジョン」とは、根拠のない直感やいわゆる「妄想」に支えられる、「これがやりたい！」という強い想い。

著者が出会った成功者たちも、実現可能性が見えない突飛な発想＝妄想を口にすることをためらわないそうです。彼らは**「本当に価値あるものは、妄想からしか生まれない」ことを経験的に知っているのです。**

では、どうすればビジョンを描けるのか。本書では「妄想を引き出すための具体的な思考法」として、「余白をつくる」重要性を強調しています。

「妄想」を生む余白のつくり方

具体的には最初に、まっさらなノートや新品のメモ帳を用意します。スマホやタブレットでもなく「紙のノート」。これは、余計なものを目に入れないための策だそう。デジタルデバイスの場合、プッシュ通知などが目についてしまいますが、紙のノートは開けばすぐ物理的な「余白」があります。この物理的な余白が精神的な余白をつくってくれるわけです。

ノートの余白になにを書く？

まず試すべきが「ジャーナリ

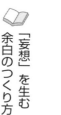

ング」です。ジャーナリングとは、毎日決まった時間に決まった分量の文章を書くこと。人に見せないことを前提に「いやだと思ったこと」「うれしかったこと」などをありのままに書くのです。「じつは後悔していること」「心の奥底に溜めている悪意や嫉妬心」など、マイナス感情が出てきても抑え込む必要はなし。客観的な事実ではなく、主観的な感覚、感情にフォーカスするのがポイントだといいます。ただし、ジャーナルの最後は必ずポジティブな感情で締めくくることが大切。すると、日々の充足感が高まるからです。

たいていの人は1週間も継続すると、爽快感を実感できるとか。さらに1カ月経ったころから、周囲の目を気にして身につけている「鎧」がとれ「むき出しの自分」が見えてくるようです。

なお、普段ものを書く習慣がない人は、スケジュールに「余白」をつくっておくといいそうです。つまり、時間的な余白を生み出すことが大切だということ。「ヒマな時間ができる」のを待っていたのでは、余白は生まれないのです。

たとえばスマホのスケジューリングアプリで、朝8時、昼11時、昼15時、夜10時半にアラームをセット。この1日4回をライフスタイルの「余白」として、ノートを書く、毎日のノートを見返す、テーマを決めて自分を振り返るなどの時間にするわけです。予定の10分前にプッシュ通知が入るように設定しておけば、つい忘れてしまうということも避けられるといいます。

Points

- 壮大なビジョンのためには余白が大切
- 白いノートに感情を書き出して、自分の鎧を外す
- 自由な妄想がビジョンにつながる

やり抜く力 GRIT
——人生のあらゆる成功を決める「究極の能力」を身につける

アンジェラ・ダックワース 著、
神崎朗子 訳
(ダイヤモンド社)

(2016年刊行)

成功に必要な2つの力

著者は、ペンシルベニア大学心理学教授。アメリカの教育界で重要視されている、「情熱」と「粘り強さ」をあわせ持った「グリット」(やり抜く力)研究の第一人者です。

「やり抜く力」は「情熱」と「粘り強さ」のふたつの要素でできているそう。ちなみに本書では、著者が開発したグリットスケールによって、自分のグリット・スコアを算出することも可能です。

一般に「情熱」のスコアが強い人は、「粘り強さ」のスコアも高いはずで、逆もまたしかり。

しかしおそらく、「粘り強さ」のスコアのほうが「情熱」のスコアをわずかに上回っているのではないかと著者は推測しています。これまで見てきた研究事例では、ほとんどの人がそうだったというのです。

情熱と粘り強さは違うもの?

多くの人は「情熱」を「夢中」や「熱中」と同じようなことばだと思っているのではないでしょうか? 夢中や熱中は、粘り強さと似たようなものだと感じるかもしれません。しかし、この2つは同等ではないのです。

グリット・スケールの「情熱」に関する質問のなかにも、

目標に対してどれくらい「熱心に」取り組んでいるかをたずねる質問はひとつもありません。

なぜなら、偉業を成し遂げた人たちに「成功するために必要なものはなんですか？」とたずねた場合、「夢中でやること」「熱中すること」と答える人はほとんどいないから。多くの人が口にするのは「熱心さ」ではなく、**「ひとつのことにじっくりと長いあいだ取り組む姿勢」**だというのです。

はじめてトレードを行った日から50年も経ってもなお、金融市場への関心を持ち続けている投資家がいます。何年も何十年も数学のひとつの問題を考え続ける数学者もいます。彼らが投資で利益を得たり誰も解けなかった命題を解いたりしたとき、それは彼らの「情熱」のおかげだと考えられるでしょうか？成功の鍵は「コツコツと続けた」継続力＝粘り強さゆえだと感じることはできないでしょうか？

つまり、グリットをはかる際に重要な指標となるのは、ひとつの目標にどれだけ継続的に取り組んでいるか、なのです。

大切なのは、なにかに熱中するのは簡単でも、持続するのは難しいということ。著者はそう主張しています。

なお、著者自身、「やり抜く力」を身につけ、それを生かした結果、2013年にマッカーサー賞を受賞したという実績を持っています。だからこそ、本書には机上の空論とは異なる強い説得力が備わっているのです。本当の意味での成功を目指したいのなら、本書を通じてご自身のグリット・スコアを把握してみてはいかがでしょうか。

Points

- ■グリット（やり抜く力）は情熱と継続力で構成される
- ■より重要なのはひとつの目標に継続的に取り組む力
- ■熱中するより持続することのほうが難しい

考える練習帳

細谷 功（ダイヤモンド社）

考える
練習帳
細谷功
Hosoya Isao
あなたの眠れる思考回路を
起動させる45のレッスン
『地頭力を鍛える』の著者が
AI時代を生き抜くためのスキルを解説。
ダイヤモンド社
（2017年刊行）

「自分の頭で考える」ことの大切さ

著者が本書で伝えようとしているのは、「自分の頭で考えること」の重要性です。

「考える」という行為には、「面倒で、時間もかかり、場合によっては無理をしなければならない」というイメージがあるかもしれません。しかし、そこには計り知れないほどのメリットがあるのです。ここでは本書に書かれたメリットのうち、2つをご紹介しましょう。

●メリット①
世界が変わって見えるようになる

「考えること」には、「汎用性」があります。つまり、「考える」という行為は、ありとあらゆる場面において（やろうと思えば）、ほとんどすべての行動に伴ってできる行為なのです。そのため「考え方」が変わると、すべての言動に変化が現れます。

その結果、「考えること」ができるようになると、「世界が変わって見える」のだそうです。

そして、ここにかかわってくるのが「認識」です。「認識」は、人間と他の動物を分かつ最も大きな差。また、人によっても大きな差が生まれます。

たとえば、ひとつのりんごを目にしたときにも、「おいしそう」「赤がとてもきれい」など、人による認識はさまざま。

「考える」という行為は、この認識のレベルに劇的な変化をもたらします。さまざまな目の前の事象からいかに思いを広げ、それをどのように未来に向けて発展させていけるか？　それが人間の知的能力であり、その基本となるのが「考える」という行為なのです。

●メリット②

先が読めるようになる

知識や経験が「過去の集大成」ならば、「考えること」は未来に役立つはず。

また、「知的能力とはなんなのか」という問いに対する答えのひとつは、「一を聞いて十を知る」こと。もちろん自分の経験は、学びの源として重要です。でも、そこに応用を利かせることができなければ、まったく同じ状況が再度現れない限り、次に役立つことはありません。

しかし、ひとつの学びを異なる機会に応用できれば、それは大きな武器になるでしょう。つまり、「個別事象を一般化してさまざまな場面に応用させる」ことは人間の大きな武器なのです。

たとえば典型的なのが科学技術です。物理などの法則を学ぶことは、まさに「一を聞いて十を知る」。ひとつの法則が無数の応用へとつながり、それがさまざまな新しい技術となって人間の生活を豊かにしていくわけです。ここに「考える力」が大きく貢献しています。

「考える力」があれば、経験や事象などの学びから、「過去から未来への類推（先を読むこと）」が可能になるのです。

Points

- 自分の頭で考えることは難しいが、メリットがある
- 認識が深まり世界が変わって見える
- 先を読めるようになる

人生にゆとりを生み出す
知の整理術

pha（大和書房）

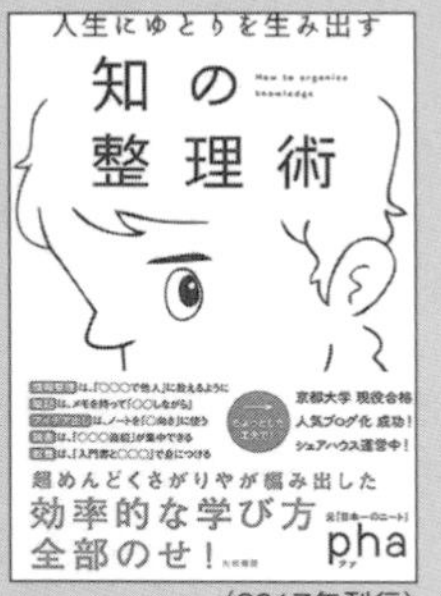

（2017年刊行）

本書のテーマは、「がんばらずに、なんとなくうまくいく勉強法」。著者がそのために大切だと考えている、「3つの軸」をご紹介しましょう。

習慣の力を利用する

勉強も仕事も、習慣の力を利用して「無理なくなんとなく続ける」ことが重要なのだと著者はいいます。できる人ほど、力を入れずに継続できる習慣や環境づくりをしているもの。だから、「なんとなく」「楽しみながら」やっていても結果が出るということです。

とはいえ、普段なんとなくやっている習慣を変えるのは難しいことでもあるでしょう。著者も、自分自身を含め、ほとんどの人間は怠惰で面倒くさがりで飽きっぽいと指摘しています。

しかし、習慣は変えられます。そして、いったん変えてしまえば、努力しなくてもできるようになります。重要なのは、**人の行動や習慣は、自分を取り巻く環境に大きく左右されるということ**。なかでも大きな意味を持つのが「まわりにいる人」です。まわりに勉強している人が多いと、自分も「勉強しなきゃ」という気になるのがその一例です。

ゲーム感覚でやる

ゲームだと思うことができれば、大抵のことはなんでも楽しめるもの。ただし、ゲームとして楽しむときには「余裕」と「達成感」が必要であるようです。

気持ちがいっぱいいっぱいだと、楽しめなくなるからです。そして楽しむためには、一歩引いた視点から状況を冷静に見ることも大切。人生で苦境に陥っているときも「なかなか難しい戦局だな、この状況でできるだけ被害が少ない最善手を指すにはどうしたらいいか」とゲーム感覚で考えてみるのです。

ゲームを毎日続けられるのは、達成感を感じる仕組みが用意されているからです。しかし勉強の場合、そのような仕組みはありません。そこで「ある程度進んだら自分にご褒美をあげる」など、達成感を得られる仕組みをつくってあげることが大切。そうすれば、続けやすくなるわけです。

楽しいことだけやる

基本的に勉強は、自分が楽しいところだけをやればいいと著者は述べています。

仕事で必要な知識を得る勉強は楽しくないかもしれません。したがってそんなときは、楽しい勉強の感覚を覚えておき、その状態を目指しつつ現状をなんとかしのぐスキルが大切。とりあえず「本を読む」「なにかを調べる」という行動に慣れ、勉強が楽しい感覚を身につけておければいいのです。

「勉強という趣味のよいところは、一生楽しめて役に立つところだ」と著者。「勉強＝苦しい」という考え方とは正反対の位置から学ぶことの意義を捉えているからこそ、大きな説得力が生まれるのでしょう。

Points

- ■勉強も仕事も無理なく続けることが大切
- ■習慣にして、ゲーム感覚で楽しいことだけやる
- ■勉強は一生楽しめるもので、苦しいものではない

面倒くさがりやの超整理術

「先送り」しないための40のコツ

美崎 栄一郎（総合法令出版）

（2018年刊行）

デスクまわりを整えたい！

乱雑なデスクまわりを整理整頓したいと考えている方は多いはず。そこで参考にしたいのが本書です。

著者はまず、1分でデスク上をリセットすることをすすめています。

方法は簡単です。紙袋を用意し、デスクのもの全部を紙袋にたたき込むだけ。たしかにそれなら、1分で片づけられそうです。さらに、そののち1週間くらいかけ、必要なものがあれば紙袋から取り出し、3秒で取れる便利な場所に配置します。つまり、ふだんの動線に必要なものを配置していくのです。

1週間経っても使わないものはあまり必要ないものなので、引き出しのなかなどに入れたほうが仕事ははかどるそう。デスク上のモノをどけ、スペースを広げる余計な手間も、多くのモノのなかから必要なモノを見つける手間も軽減するわけです。

次に文房具の整理です。整理術の本の多くは捨てることをすすめていますが、著者は逆に「必ずしも文房具の整理は必要なのだろうか？」と疑問を呈します。**整理が必要だということは認めても、捨てるのはNOだというのです。**そもそも、好きで集めたのだから置いておきたいわけです。「使うかもしれない」状態で置いておくことに楽しみがあるのなら、整理して保有しておけばいいということ。

1軍と2軍に分ける整理法

具体的な整理法は、目的を明確にし、それに応じたフォーメーションを設計すること。まず、利用シーンごとに1軍と2軍に分けるところからスタートです。

手帳で考えてみましょう。著者の場合、手帳を書く際に使うのは、フリクションボールの3色ペンと、同じくフリクションボールの蛍光ペンのソフトカラー3色だそう。これらが1軍です。

次に、手帳を使うシーンです。ひとつは、パソコンのあるワークスペース。メールやチャットでのアポイントを手帳に書くわけですから、著者の場合、手帳に使う1軍のペンは、ワークスペースの右側のペン立てに立てているのだといいます。

もうひとつのシーンは外出先です。この場合は会議やスマホのメールなどをもとに予定を記入&修正するため、筆箱にも手帳用の1軍文具が必要。つまり、同じ文具がデスクと筆箱に計2セット必要なのです。結果的になくなるまで使うので、もったいなくはないはず。

なお2軍の文房具は、すべて同じ箱に入れておけばOK。同じ仲間の文具はまとめて小さな箱に入れておくと、必要なときすぐに取り出せます。

このように、本書にはすぐ応用できるちょっとしたアイデアが満載。さらにはデスクまわりのことだけではなく、「記録媒体の整理」「日常業務の整理」「デジタル整理」「思考の整理」と、さまざまなものを整理する方法も紹介されています。

Points

- ■デスクまわりの整理は箱にすべて叩き込むことから
- ■同じ仲間を同じ小箱に片づける
- ■整理のメソッドがわかれば応用できる

9割捨てて10倍伝わる「要約力」

最短・最速のコミュニケーションで
成果は最大化する

山口拓朗（日本実業出版社）

（2020年刊行）

要約力こそ情報整理の要

なにかを伝えようとするときには、「あれもこれも」といろいろ詰め込んでしまいがち。しかし要素が増えるほど、逆に伝わりにくくなるものです。そこで重要な意味を持つのが**「要約力」**。

著者によれば**「要約力」とは、情報のポイントをつかみ、場面に応じて、簡潔かつ論理的にアウトプットする能力**。情報が整理されていれば違いや共通点にも気づきやすくなるので、分析や検証がはかどることになります。また、要約された情報同士を組み合わせれば、新たなアイデアが生まれる可能性も高まりまることでしょう。

さらに情報の「出し入れ」や「組み合わせ」がしやすい脳に変えておくことで、自分の意見もつくりやすくなりそうです。

つまり、要約力を駆使して情報を整理すれば、さまざまなメリットが見込めるのです。

なお「相手に伝える」ためには、要約を「①情報収集→②情報整理→③情報伝達」の3ステップで進めていくことが大切だそう。ここでは、①情報収集のステップを確認してみましょう。

必要充分な情報を集める技法

情報といっても多種多様ですが、たとえば次のようなものが挙げられます。

- **人から聞いた話（雑談含む）**
- **会議や打ち合わせで耳にしたこと**
- **現場で体験したこと**
- **五感を使って感じたこと**
- **研修やセミナーなどで勉強したこと**
- **書類や文書、データ、メールなどの情報**
- **新聞や書籍、雑誌などのメディア情報**
- **ウェブサイトやSNS上の情報（42～43ページより）**

また、自分のなかで生み出された「考え」や「意見」、あるいは「予測」や「仮説」なども情報だといえます。

このように多岐にわたる情報を集め、整理することは、料理に似ていると著者は述べています。つまり、「食材（＝情報）」がなければ「料理（＝要約）」できないということ。アウトプットしようにも、自分のなかに情報がなければできないわけです。

とはいえ、見聞きした情報や感じたこと、考えたことなどすべてを「大事な情報」として扱おうとしたら、いずれ脳がパンクしてしまうかもしれません。

だからこそ、**集めながら取捨選択する早い段階からの情報処理能力が重要なのです。**

ちなみに著者によれば、「情報の要不要を手際よく見極めながら、インプットする情報を巧みにコントロール」することが大切だそう。

こうした考え方を軸とした本書は、効率的に伝える能力を身につけたいときに役立ってくれることでしょう。

Points

■要約力が情報整理には必須

■要約は①情報収集→②情報整理→③情報伝達の3ステップで行う

■情報収集は「たくさん集めながら、取捨選択する」ことが大切実例で見る!

ストレスゼロの超速資料作成術

西脇資哲（あさ出版）

（2017年刊行）

本書は、日本マイクロソフト株式会社業務執行役員、IT業界屈指のプレゼン講師としても活躍する著者が、資料作成のコツを明かした書籍です。

資料の役割とは「相手の行動を促し、行動の判断材料になる」こと。そして重要なのは、「相手の立場」「相手の行動」「相手の時間」を考えた資料になっているかということ。このような著者の考え方は、ひとつひとつが強い説得力を感じさせます。

わかりやすい資料の共通点

まずは「体裁」。ものを見るとき、人の視線は左上から右下へ、ローマ字のZを描くように流れていきます。つまり、**資料を手にしたとき、最初に目にするのはページ左上の項目なのです。**そのため企画書、報告書、議事録、提案書など、資料のフォーマットが違っても、この部分で資料の全体像がわからなければならないのです。

次に大切なのは「空白」。**目立たせたいときは、あえて「空白」を残すのが効果的だということ。**情報量が多いと資料のポイントがズレてしまうため、資料を文字で埋めすぎるのは逆効果なのです。

資料は受け取った相手の行動を促すためのツール。相手が求めている情報をわかりやすく伝えられれば、仕事もスムーズにいきます。そのためには、適度な「余白」が必要。

大切なのは、視線の流れを妨げず、相手の知りたい情報を知りたい順序で見ることができ、内容に過不足がないこと。さらに空白があれば書き込みしやすく、回覧したときにアクティブに使えます。

わかりやすい資料には、このような共通点があるのです。

文字量にも注意が必要

基本は「箇条書き」で、なるべく1行に収めることが重要。複数行にわたる長々とした説明は避けるべきで、文末は体言止めがベスト。ひと目で内容がわかり、インパクトが強いので、少ない文字数で言い切ることができるからです。

なお紙の場合、A4用紙1枚に収まるのが見やすい文章だと著者はいいます。とはいえ、資料を見る方法は、会社のパソコンから手元のスマートフォンに移行しつつあります。そのため、「1行あたりの文字数を30～40文字にする」など、スマホのディスプレイを意識した資料も求められるのです。

最後に「フォント（書体）」ですが、ひとつの資料で複数のフォントを混在させるのはやめるべき。使うフォントは、「明朝体」「ゴシック体」「メイリオ」の3種類から選ぶのがおすすめだそうです。

これらのテクニックはほんの一部ですが、実践的な資料作成にすぐに役立つ情報が満載。さらには、業務日報、企画書、業務報告書、提案書、稟議書、議事録など、資料のつくり方をフォーマット別に解説していることも、強力なフックとなっています。

Points

- ■マイクロソフト仕込みの資料作成術
- ■「相手が受け取りやすい」資料になっているかどうかが大切
- ■体裁、余白、文字量を意識

社内プレゼン一発OK!
「A4一枚」から始める最速の資料作成術

稲葉崇志(CCCメディアハウス)

社内プレゼン一発OK!
「A4一枚」
から始める
最速の
資料作成術
稲葉崇志
「つくりやすい」×「わかりやすい」
誰も教えてくれなかった資料作成の技術
「6要素」を「A4一枚」にまとめるだけ!
CCCメディアハウス

(2019年刊行)

資料制作をするすべてのビジネスパーソンへ

資料作成について、体系立った教育を受ける機会はあまりありません。そこで参考にしたいのが本書です。

著者によれば、資料を「A4一枚」にするべきなのは、「つくりやすく」「わかりやすい」から。「つくりやすい」資料は作成者の負担を減らし、「わかりやすい」資料は読み手の負担を減らすわけです。また、視認性のよさも大きなメリット。ぱっと見て課題や対応策、スケジュールなどの情報を瞬時に把握できるので、「一枚」にまとめられた資料にかなうものはないのです。

いい資料の条件とは?

資料のクオリティを決める要素は、「目的を正しく理解していること」と、「目的に合致した内容になっていること」。

資料には必ず目的があります。それを達成するために**ターゲットに合わせたメッセージを伝えることが資料の役割であり、クオリティの高い資料の条件なのです。**

また、「ターゲット」「メッセージ」を明確にする必要もあるそう。これらを把握することは、作成者の効率的な作業のためにも重要だというのです。

もしかしたら、「『Ａ４一枚』の資料では伝えきれない」という意見もあるかもしれません。だとすればそれは、「目的」「ターゲット」「メッセージ」をきちんと意識できていないからなのかも。

資料は多くの場合、当事者が作成するものです。そして、その内容にもっともくわしい当事者は、すべての情報を資料に記述しようとします。しかしほとんどの場合、それらは「目的」のために必要なものではないというのです。

提案書であれば、資料を作成する目的は「承認をもらうこと」、あるいは対象部門や担当者の「協力を得ること」。そうした目的に応じて必要最低限の情報に絞り込むことが重要なのです。

Ａ４一枚への絞り込みが理解を助ける

人が一度に大量の情報を処理できない以上、本当に伝えたいことをギリギリまで絞り込むべき。たった数項目しか表現できない「Ａ４一枚」の制約こそが、「伝わる」資料の重要なポイントになるのです。

そして「Ａ４一枚」資料では、内容によって4項目あるいは6項目の情報を記載するのがよいそうです。たとえば6分割なら〈背景〉〈目的〉〈提案〉〈スケジュール〉〈体制〉〈課題〉、4分割なら、〈問題〉〈課題分析〉〈原因の詳細〉〈対策〉、という具合です。

はじめて資料作成をする人から、いつも試行錯誤を繰り返している人まで、本書には、多くのビジネスパーソンに役立つ資料作成の基本が盛り込まれています。

Points

■資料はＡ４一枚がいちばん伝わりやすく、つくりやすい
■目的・ターゲット・メッセージを意識する
■Ａ４の中身は４分割か６分割に

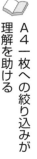

たくらむ技術

加地倫三（新潮新書）

（2012年刊行）

本書は、『ロンドンハーツ』『アメトーーク！』など人気テレビ番組を次々と生み出してきたプロデューサーが、自身の「脳内ノート」を公開した書籍。

その一節に、ビジネスパーソンがすぐに応用できそうな「企画書を通すにはコツがある」があります。

短く書いて『減点』を減らす

企画書の枚数は多くなってしまいがちですが、著者はA４２枚以内に収めることを心がけているそうです。

理由は、「そのほうが通る可能性が高い」から。

ほかの多くの企画書と競合する場合、要点が短くはっきりと書かれていたほうが有利だという発想なのです。

また、できること、やりたいことを長々と羅列するのもまずいそう。見る側は減点方式で見るので、10本のうち３本の企画がおもしろかったとしても「７本ダメな企画書」という印象を持たれてしまうから。

ならば概要だけを書き、あとは読む側に想像させ、「こんなおもしろいこともあるかもしれない」と思わせるべきだという考え方。企画書に「余白」をつくり、「くわしくは後日改めて」とまとめれば、よい印象だけが残るというわけです。

熱意を伝えるのはメールで

著者は、企画書に書き切れなかった伝えたいことを、あえて別のメールで訴えるようにしているのだといいます。

たしかに、知り合いのつてなどをたどって依頼や打診をされるより、手書きの手紙で口説かれたほうが心を揺さぶられるもの。でも社内の人に手紙を出すのも大げさだから、メールで熱意を伝えようというわけです。

直接語ったほうがいい相手もいるでしょうが、メールならはぐらかされることもなく、最初から最後まで目を通してもらえる可能性が高いはず。また、何度も読み返して、不快感を与えないか確認できるというメリットもあります。

企画意図は後からついてくる

企画を通すには、さまざまな人を巻き込むことが重要です。そのためには関係者にメリットをアピールする必要があるわけですが、問題は発想の時点では全員にとってメリットがあるとは限らないということ。

しかし著者は、**「ときに企画意図は後づけでもいい」と考えているそうです。**企画の意義やおもしろさに本当に自信や確信があるなら、まずは実現させるための状況をつくり、論理で補強すればいいという発想なのです。

語り口もソフトで、空き時間を活用してすぐに読了できそうな安心感がある一冊。しかも斬新なアイデアが随所に盛り込まれているのですから、大いに活用できるはずです。

Points

- ■企画書の通し方がわかる
- ■コツは、書きすぎない、熱意はメールで、企画意図は後からでいい
- ■企画書も余白を意識

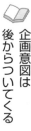

世界のエリートが学んできた
自分の考えを「伝える力」の授業

狩野みき（日本実業出版社）

（2014年刊行）

「自分の意見をきちんと持ち、それを伝え、議論することができなければ、プレゼンス（存在感）がなくなってしまう。そういう時代になってきたのです」と冒頭で著者が語るように、「伝える力」の必要性は日増しに強くなっています。そこで本書では、相手に意見を理解してもらえるコツを9つ紹介しているのです。ここでは、前半の5つをご紹介しましょう。

コツ1：結論は最初にいう

情報伝達の大原則は、重要なことを先にいう「逆ピラミッド」型。意見を述べるときの最重要情報は「結論」だと著者は断定しているのです。次に重要なのが、意見に不可欠な「根拠」。そして最後が「補足情報」。**〈結論→根拠→補足情報〉の流れで話せばいい**わけです。

コツ2：相手に合った話し方で話す

大切なのは、相手の年齢・職業・バックグラウンド・知識などを考慮し、相手にとってわかりやすいことばで話すこと。場合によっては、相手になじみのあるイメージやモチーフを使うことも重要だそうです。

コツ3：最初に話全体の流れを見せる

長すぎる話は相手にストレスを与えるもの。そこで、ある程度の長さになるときは、「半分まで来ました。次は話が変わります」などとガイドしながら進めることが必要。話の展開を予想できれば、ストレスが軽減されるからです。

コツ4：大事な箇所は繰り返す

相手も人間である以上、一度聞いたことを忘れる場合もありえます。

したがって話が長くなる場合は、結論や大事な部分は繰り返したほうが無難。表現を微妙に変えて「先ほどの繰り返しになってしまいますが」などの枕詞を使うと有効だそうです。

コツ5：断定的な口調は避ける

どんなにすばらしい意見でも、断定的に伝えるのはNG。断定された場合、それを不快に感じる人もいるからです。意見は内容で勝負するもので、強さで勝負すべきものではありません。そのため、「絶対にAです」などの断定口調は避けるべきなのです。**「Aだと思います」「Aではないでしょうか」とソフトにいったほうが、相手に不快感を与えずにすむ**わけです。

本書で紹介されているほかのテクニックは、「あくまでも自分の一意見であることをアピールする」「身振りを効果的に使う」「話すときには、相手の目を見る」「伝えるための『良い声』を意識する」の4点。

それぞれがグローバルな視点に基づいており、「伝え方」の説明はとても実践的です。それらを頭に入れておけば、コミュニケーションの場面で応用できる範囲が広がるかもしれません。

Points

- ■意見を伝え、議論することがプレゼンスになる
- ■相手に理解してもらうための話し方のコツを紹介
- ■9つのテクニックはグローバルで実践的

スピーチや会話の「えーっと」がなくなる本

高津和彦（フォレスト出版）

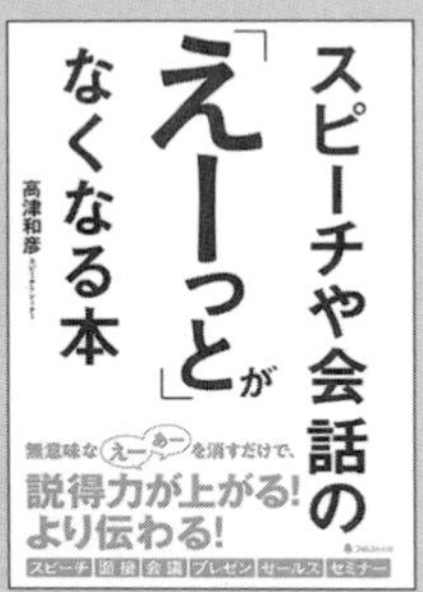

（2019年刊行）

話すときの「えー」「あー」をなくそう

人前で話をしようとするとき、「えー」「あー」というような声が出てしまうことはあるもの。しかし、たとえ話の内容がよかったとしても、それでは話し下手だと思われてしまう可能性があります。

一方、話し方講座を通じ、多くの「えーあー人間」を見てきた著者は、本書のトレーニングを重ねれば、短期間でこうしたムダをなくせると断言しています。ちなみに本書では、「えー」「あー」のことを、学術論文などでも使用されている**「フィラー（filler）」**と表記しています。

「緊張しているから」「考えがまとまっていないから」、など、フィラーが出る原因はさまざま。それらをつぶせば出なくなるかもしれませんが、膨大な時間がかかるはず。

緊張を解いても、考えがまとまっていなければ出てしまうでしょうし、考えがまとまっていても緊張していたら、やはりフィラーが出てきます。「こっちを叩けば、あっちが出てくる」状態に対処しなければならなくなるわけです。

そこで、フィラーのメカニズムに注目すべき。

フィラーのメカニズム

著者は、フィラーとは「心

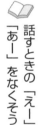

（感情・性格）」「思考」「声」を動力源としたメカニズムだと考えているそうです。この3つが同期し、安定して働いていればフィラーは出ませんが、ひとつでも不具合が発生すれば、メカニズムに不均衡が生まれ、フィラーを発生させてしまうのです。

　また著者は、メカニズムを構成する「心（感情・性格）」「思考」「声」を定義しています。心（感情・性格）は「喜怒哀楽、驚き、不安、プレッシャー、羞恥心、あがる、自己肯定感、引っ込み思案、目立ちたがり屋などさまざまな感情や性格が支配する要素」。思考は「自分の意見をまとめたり、話す内容や順番を整理する、また、いうべきこと・いうべきではないことを判断する要素」。声は「発声、声量、歯切れのよさ、滑舌をコントロールする要素」です。

　なお、著者によれば、フィラーが出ない典型的な状態があるそうです。

　心については、「平常心を保っていて自信がある、自己肯定感が高い」状態。思考については、「話す内容が決まっていて、よそ行きやお仕着せのことばではなく自分のことばで話せる」状態。声については「短く簡潔で歯切れがよく、大きな声が出せ、滑舌がいい」状態。3要素がこの状態になっていれば、フィラーが出ることはほとんどないわけです。

　こうしたフィラーとの向き合い方や、「フィラーなしスピーチ」ができるようになるための実践トレーニングなどが解説された本書は、スムーズな会話力を身につけるために役立つことでしょう。

Points

- ■話すときの無駄な「えー」「あー」をなくす
- ■「えー」「あー」はフィラーという名前で原因はさまざま
- ■フィラーをなくすには心、思考、声のバランスが大事

1分で話せ
世界のトップが絶賛した大事なことだけシンプルに伝える技術

伊藤羊一（SBクリエイティブ）

（2018年刊行）

著者は、孫正義氏の後継者を育成する学校である「ソフトバンクアカデミア」の国内CEOコースにおいて、年間1位の成績を収めた実績の持ち主。いまでこそ「伝える」「プレゼン」が重要な仕事になっているものの、社会人になった当時はプレゼンが大の苦手だったのだとか。しかし、「ストーリー」のつくりかたを学んだことが、伝え方を改善する大きな気づきとなったのだそうです。

プレゼンの目的とは?

「なんのためにプレゼンするのか」を言語化してみると、ほとんどの場合、「(どこで)誰に、なにを、どうしてもらいたい」という構造になっているそう。そして最大のカギは、「誰に」という部分。プレゼンテーションは人になにかを伝え、理解してもらうか、賛成してもらうか、動いてもらうかを目指して行うものだからです。つまり大切なのは、この**「相手が誰か」をイメージしながらプレゼンをつくっていくこと**。聞き手のイメージができれば、その人たちの反応を想像しながら準備することが可能になります。それは、話す内容、ことば遣い、話し方など、「聞き手のイメージ」に基づいて伝える内容をつくりあげていくということ。

そのプレゼンのゴールはなにか？

次に考えるべきは「ゴールはなにか」。このプレゼンを通して、「聞き手をどういう状態に持っていくか」「どこをプレゼンのゴールとするのか」を言語化するということです。聞き手が「どこまでやればいいのか」を決めるのです。私たちはつい、このゴールを強く意識せずに、プレゼンの準備を始めてしまうもの。だからこそ、この点は重要だと著者はいいます。

　聞き手のことを考え、聞き手をどういう状態に持っていきたいかを見定めてから、「それを実行するためになにをすればいいか」「なにを伝えればいいのか」を逆算で考えていくべきなのです。

　プレゼンは「手段」です。したがって、プレゼンに至る前の根回しや、そもそも席の配置をどうするか、直前の軽い挨拶、その後のフォローなど、前後のアクションもトータルで設計していくことが大事だということにもなります。

　プレゼンを始める前に可能な限り聞き手とコミュニケーションをとり、距離を縮めておく。事前にプレゼン内容の情報を細切れで投げ続け、心の準備をしてもらう」。あえてプレゼンに複数のツッコミどころを用意しておき、プレゼン後の質疑応答が活発になるように準備する。そのように、できることはなんでもするべきなのです――。

　本書では、こうした基本を踏まえたうえで、「1分で伝える」「1分でその気になってもらう」「1分で動いてもらう」ためのコツなどがわかりやすく解説されています。参考にしてみてはいかがでしょうか？

Points

- ■なんのためにプレゼンするのかを言語化する
- ■「相手が誰か」をイメージする
- ■プレゼン前後のアクションも含めて設計する

「書くのが苦手」な人のための文章術

印南敦史（PHP研究所）

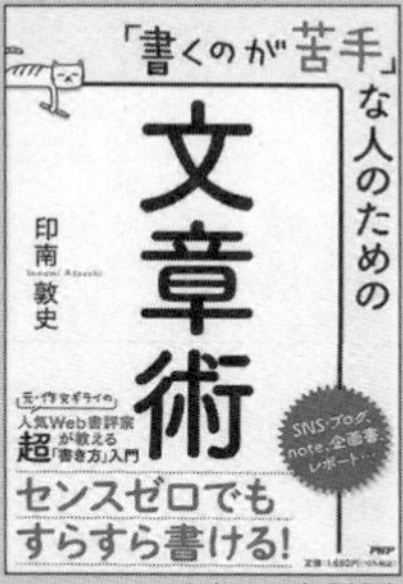

（2022年刊行）

「書くこと」は難しい？

「書くこと」に苦手意識やコンプレックスを抱いている人は少なくないかもしれませんが、書く前から「自分は文章が苦手」「書けない」と決めつけてしまうのは間違い。肩肘を張らず、もっと楽に考えればいいのです。

とはいえ、いきなり書くのはハードルが高いかも。そこで僕の著作のなかから「それでも書く気が起こらないときの3ステップ」をご紹介しましょう。

DROPでアウトプット

文章を書けない場合は、「考えがまとまっていない」可能性があります。アウトプットしたいことはあるのに整理できていないから、うまく文章化できないということ。そこで、おすすめしたいのが①DROP（ドロップ）。順序や決まりはなしに、とりあえず書きなぐってみるのです。目的は「頭のなかを整理すること」なので、ただ思いついた物事を無目的に書いていくことが重要。思いをドロップしていけば、自分が本当に描きたかったことの輪郭が少しずつ見えてくるはずです。

文章を整理し、再構築する EDITとREMIX

②EDIT（エディット）は「編集」を意味します。つまり、「いまある素材を組みなおす」

ということ。紙の上にドロップした単語を俯瞰し、「どれをどう組み合わせれば、文章としてわかりやすく、伝わりやすくなるか」を考え、順序を入れ替えてみるのです。

一例として、「カップ」と「コーヒー」という2つの単語をエディットしてみましょう。「いいデザインのカップを買ってきたので、さっそくコーヒーを淹れてみた」「コーヒーを飲むときにカップを替えてみたら、味まで変わったような気がした」。このように「カップ」と「コーヒー」を感覚的にエディットしてみるだけでも、いろいろな文章をつくれることがわかるはずです。

最後の③REMIX（リミックス）は、「ミックスしなおす」「再構築する」という意味です。つまり、「もとからある素材を抜き差しして〝違ったもの〟にする」こと。最初にドロップした単語を並べながら、「ここにはないけど、いま思いついたこの単語を加えたら、違ったタイプの文章になるのでは？」というように、新たなものを加えたりしてみるのです。そういう作業を繰り返していけば、自分だけの文章を生み出せるはず。

たとえば上記の例をリミックスすれば「コーヒーを飲むときにずっと使っていたカップが欠けてしまったので、ペン立てとして使うことにした」なんて文章にすることも可能。このように、いくらでもイメージをふくらませることができるのです

この3ステップは、文章を書くことに慣れるためのエクササイズとしてとても有効です。ぜひ試してみてください。

Points

- ■考えをまとめるにはDROPで書きなぐる
- ■整理するにはEDITで組みなおす
- ■REMIXで新たなものを生み出す

仕事で差がつく言葉の選び方

神垣 あゆみ 著、山岸弘子 監修
（フォレスト出版）

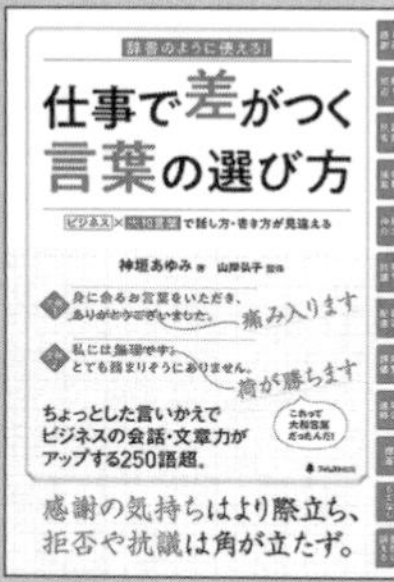

（2018年刊行）

間接表現を上手に取り入れるには?

ビジネスシーンにおいて、伝えたいことを間接的な表現で伝える機会はよくあるもの。そんなとき、日本古来の言葉である「大和言葉」を使うと相手に受け入れられやすくなる。そう主張するのが、本書の著者です。

たとえば、ビジネス文書で「平素より格別なご愛顧を賜り、厚く御礼申しあげます」といったお礼の一文を見かけることがありますが、これでは漢字が多く、堅い印象になってしまいます。しかし、これを大和言葉で書き換えてみれば、「いつもお心にかけていただき、ありがとうございます」と、格段に読みやすくなります。

つまり、大和言葉で婉曲に伝える術を知っていれば、**メールや電話などの「顔の見えない相手」との不要なトラブルを避けられる**のです。

実際に、大和言葉で置き換えてみると?

「ちょうどそのときに都合が悪い様子」を表す「あいにく」ということばも、「ちょうど他の案件と重なっておりまして、対応できなくてすみません」より、「あいにく他の案件と重なっておりまして、お役に立てず申し訳ありません」とするほうが、カジュアルになりすぎない洗練された印象になります。

断るときも、「無理」「できない」ではなく、「あいにく」を添え、断る理由を伝えるわけです。「あいにくその日は午後から出張のため、午前中に打ち合わせをお願いできますか？」というように。緩衝材になる「あいにく」を使うと角が取れ、やんわりとした印象になるのです。

「いかにせむ」が変化したものが「いかんせん」。「よい方法が見出せず、どうしようもない」と途方にくれる状態を指します。「なんとかしたいけれど、自分の力が及ばない状況であきらめざるを得ない」「自分はそうしたくても実行できる立場にない」という無念を伝える際に使うのです。「いかんせん期日までに時間がなく、対応しきれません」など。

「さすがに対応しきれません」だと、責任逃れ、他責の気配を感じ取る人もいるかもしれないので、「いかんせん」でまとめたほうが無難。気持ちのうえでは実行に移したいところだが、立場的に不可能であることを伝える場合も、「いかんせん」を使うといいそうです。

このように、ビジネス文書のやりとりに「大和言葉」を用いると、相手の気分を害さずに伝えたいことを伝えられることが多いのです。

タイトル上部に記載されている「辞書のように使える！」というフレーズに偽りなし。デスクサイドに置いておけば、ことばの使い方で迷ったときにきっと役立つはずです。

Points

- ■間接的な表現にしたいときは大和言葉を
- ■「あいにく」でカジュアルになりすぎずに断る
- ■「いかんせん」でどうしようもない感を出せる

仕事のスピード・質が劇的に上がる すごいメモ。

小西利行（かんき出版）

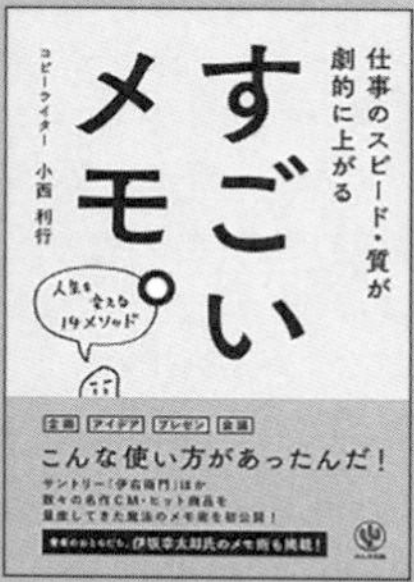

（2016年刊行）

多くのヒット商品を手がけるコピーライター、クリエイティブ・ディレクターによる「メモ」の本。著者によると、メモは頭を整理したり、アイデアを出したりと、仕事での大切な行動に関係しているそう。したがってメモを意識することはとても大切なのです。

また著者は、メモが次の5つのポイントにかかわっていることを重視しています。それは**「整理（仕事の条件や要点を整理する）」「設定（課題を見つける。目的を決める）」「考察（なにが有効な解決策か考える）」「発見（新しいアイデアへたどり着く）」「指示（部下やチームに役割を伝える）」**。これらは、いい仕事のために必要不可欠な要素だというのです。

さらに注目したいのが、著者独自の**「未来メモ」**という考え方。いま聞いたことや見たことを残す「過去メモ」から、未来の自分に行動のきっかけを生む「未来メモ」へ、メモの取り方と使いかたを切り替えることが大きな価値を生むという発想です。なお、未来メモには**「まとメモ」「つくメモ」「つたメモ」**の3種類があるようです。ここでは、それら3種について解説しましょう。

「まとメモ」で情報をまとめる

「まとメモ」とはその名のとお

り、情報を「まとめる」メモ術。情報は放っておくと、すぐにぐちゃぐちゃになってしまいます。そこで、それらをわかりやすく整理したり、打ち合わせ中に出た大事なことばや発見を使いやすくまとめたりするための「左脳的なメモ」が必要となるわけです。

「つくメモ」でアイデアをつくる

「つくメモ」は、アイデアをつくるメモ術です。ビジネスの打開策を考えるときなどに効果的なのだとか。具体的には、図や絵を多用することがポイント。そうすることで視覚的に右脳を刺激しながら、新しいアイデアを生み出すことができるのだといいます。「つくメモ」をおぼえると、驚くほどアイデアが考えやすくなり、1時間で100個のアイデアをつくり出すことすら可能になるのだそうです。その結果、誰でも精度の高いアイデアをつくれるようになるのです。

「つたメモ」わかりやすく伝える

3つめの「つたメモ」は、「まとメモ」「つくメモ」で生み出した内容を、わかりやすく人に伝えるためのメモ術で、チームで仕事をする人、上司や部下と仕事をする人、社外の人と連携して仕事をする人などにおすすめ。仕事で最も大切で、それでいて難しいのは、チームや得意先との「意思疎通」。そこで、その「意思疎通」をうまく行かせるためのメモ術なのです。

どれも著者本人の経験から生まれたメモ術なので、説得力は充分。自分を変えたいときにおすすめします。

Points

- メモはいい仕事のために必要不可欠な行動にかかわる
- 未来メモで仕事の精度があがる
- 意思疎通にもメモが有効

「週刊文春」編集長の仕事術

新谷 学（ダイヤモンド社）

（2017年刊行）

『文春砲』はなぜ生まれるのか？」について、週刊文春の編集長（現・文藝春秋編集長）が理由を解き明かしたのが本書です。

著者は自身の仕事について「真面目な人、オーソドックスな感性の人にはあまり向いていない」と書いています。誰もが考えつくことを口にしても、お金を払ってもらえるコンテンツにはならないのだと。**みんなが右を向いているときに左を向けるか、突き抜けるパワーを持ったアイデアを出せるか、そういったセンスが求められる**というのです。また、「ちょっと待てよ」という違和感がスクープを生み出すきっかけになるそう。

そんな著者の姿勢は、ビジネスパーソンが新たな企画を考える際の参考になるはず。ここでは「企画」と「マーケティング」についての考え方をご紹介します。

企画は「ベストの選択」をする

企画を考える上で大切なのは、常に「ベストの選択」をすること。「この人を落としたらすごいぞ」と感じたら、そのベストな選択から絶対に逃げないことが大切だということです。

なにごとも「こうなったらどうしよう」と心配するよりも、「こうなったらおもしろいな」と考えるべき。仕事でもあらゆる局面で「ベスト」と「ワースト」、2つのシナリオを描き、まずベストの内容を吟味する。つまり、「いちばんうまくいったら、最高の到達点はどこなのだろう」とイメージするわけです。一方でリスク管理のために、「最悪だったらどうなるか」考えておくことも大切。

マーケティングに頼らない

著者は「私の雑誌づくりのなかに『マーケティング』という文字はまったくない」と断言しています。少なくとも週刊文春の場合は、「どういう記事を読みたいですか？」と読者に聞いてもほとんど意味がないというのです。なぜなら、そんな姿勢では新しいものなど生まれないから。読者が求めているのは「見たこともないもの」であり、「誰も予想がつかないもの」なのです。

したがって、従来のマーケティングのように読者をカテゴリー分けしすぎると雑誌はつまらなくなるといいます。たとえば、「年配向け」を強く打ち出してしまうと、若い人がいなくなってしまうでしょう。だからこそ「読者層」という考え方に引きずられないようにしているということ。アイドルも扱うし、年配の方が好みそうな健康企画もやる。なんでも「雑」に入っているのが雑誌のおもしろさだという考え方です。

そしてそれは、読者に迎合的になるのではなく、「我々が最高におもしろいと思ったものをお届けします」。というスタンスだそう。

こういった考え方に基づく本書は、ビジネスパーソンにも多くのヒントを与えてくれることでしょう。

Points

- ■企画を考える上では常にベストな選択をする
- ■マーケテイングしないことで新しいものを生む
- ■自分たちが最高だと思ったものを届ける

どんな仕事も「25分＋5分」で結果が出る　ポモドーロ・テクニック入門

フランチェスコ・シリロ 著
斉藤裕一 訳（CCCメディアハウス）

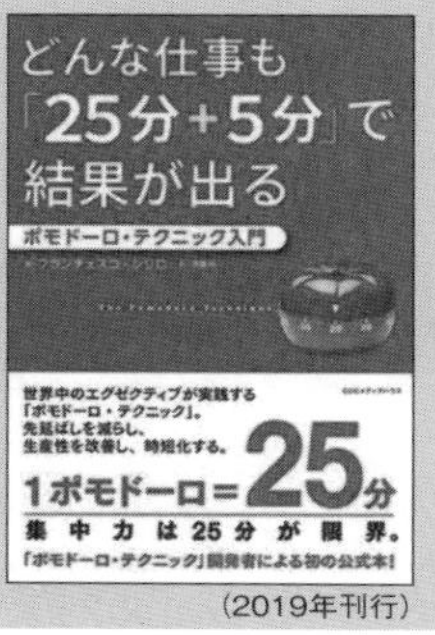

（2019年刊行）

本書は、時間管理の技術である「ポモドーロ・テクニック」の開発者による初の公式本。ここでは基本的な考え方と活用法をご紹介します。

必要なものは2つだけ

著者によれば、ポモドーロ・テクニックの実践に必要なものは2つだけ。

まずは**キッチンタイマー（ポモドーロ）**。ポモドーロとは、イタリア語でトマトのこと。著者が学生時代にトマト型のキッチンタイマーを使用していたことから、この名をつけたそうです。

そしてもうひとつは、「今日やることシート」。このシートに毎日、（1日のはじめに）計画、（1日を通じて）追跡、（1日の終わりに）記録、処理、視覚化の5つの事柄を、「なぜ（理由）」とともに記入するのです。

すなわち、**「すべきこと」「時間」「理由」を視覚化することが大切**だというわけです。

30分が1単位

標準的なポモドーロ・テクニックは30分が1単位。25分間の作業と5分間の休憩から構成されます。

まず用意しておくべきは、「仕事の在庫」シート。やるべき仕事とその内容や期限を書き出したものです。そして「仕事の在庫」シートから、その日に片づけたいと思うものを選び出し、重要な順にそれぞれを「今日やることシート」に記入。そしてポモドーロ（タイマー）を25分にセットし、最初の作業をスタートしますが、中断は不可。また、ポモドーロを半分や4分の1に切り分けることもNG。

タイマーが鳴ったら、それまでしていた作業項目の横の欄に「×」印をつけ、3～5分間の休憩を取ります。これによって、自分を仕事から切り離すことができるわけです。

ちなみに、この短い時間に、仕事の話を同僚としたり、頭を使うことをしたりするのは避けるべき。そういうことをしてしまうと、次のポモドーロを始めるための頭と心の準備ができなくなってしまうからです。

休憩が終わったら、タイマーを25分にセットしてまた作業。それが終わったら「今日やることシート」の作業項目の横の欄にまた「×」印をつけ、再び3～5分間の休憩を取ってから、新しいポモドーロを始めるのです。

なお、4回のポモドーロごとに作業を中断し、15～30分間の休憩を取ることを著者はすすめています。頭のなかを整理し、学習したことを取り込めなくなることを避けるためだそうです。

少ない時間と労力でよりよい結果を達成するポモドーロ・テクニックは、効率性と生産性を上げる方法として世界中のエグゼクティブに広まっているのだといいます。作業の効率化が必要とされる時代だからこそ、活用してみるのもいいかもしれません。

Points

- ■25分を一単位として仕事を組み立てる
- ■シートに書き出すことで視覚化してわかりやすく
- ■頭の中を整理して学んだことを取り込みやすくする

ニュータイプの時代
新時代を生き抜く24の思考・行動様式

山口 周（ダイヤモンド社）

新時代を生き抜く24の思考・行動様式
NEWTYPE
ニュータイプの時代
山口 周
Yamaguchi Shu
「正解を出す力」に
もはや価値はない！
世界は変わった。
戦い方も大きく変わる。
（2019年刊行）

本書では、旧態依然とした思考・行動様式を「オールドタイプ」、対極の新しい思考・行動様式を「ニュータイプ」と位置づけています。「オールドタイプ」は「従順で、論理的で、勤勉で、責任感の強い、いわゆる〝優秀な人材〟」、「ニュータイプ」は「自由で、直感的で、わがままで、好奇心の強い人材」。そして著者は、これからは**「ニュータイプ」が価値を生み出し、評価される時代が来る**と予測しているのです。

意思決定における問題

オールドタイプが多い現状に対して、著者は「論理」と「直感」の問題を指摘します。「企業の意思決定があまりにも論理偏重に傾くと、パフォーマンスは低下する」ということ。理由は大きく3つあります。

1つめは、過度な論理思考への傾斜が招く**「差別化の喪失」**です。分析的で論理的な情報処理スキルはビジネスパーソンに必須とされてきましたが、それは人と同じ「正解を出す」ということでもあり、必然的に「差別化の喪失」を招くのです。

2つめは、分析的・論理的な情報処理スキルの**「方法論としての限界」**。複雑で曖昧な世界において、あくまで論理的・理性的に意思決定をしていこうとすれば合理性の担保が困難になり、意思決定は膠着してしまうわけです。

3つめは、**論理では「意味をつくれない」という問題**。「役に立つ」とは明確化された問題に解決策を提供することなので、論理や分析が力を発揮します。しかし、「意味をつくる」ことが必要な市場において価値を生み出すことは不可能なのです。

論理より直感が大事というわけではない

ただしそれは、「だから論理ではなく直感で」ということではないそうです。著者が重要視するのは「論理と直感を状況に応じて適切に使いこなす」しなやかさ。そんな思考様式を発揮するのがニュータイプなのです。

なお、論理と直感を使いこなす際の判断の立脚点については、2つの着眼点が提示されています。

1つめは、「役に立つ／意味がある」というフレーム。「役に立つ」方向でパフォーマンスを高めたいなら主軸は「論理」です。「意味がある」方向でパフォーマンスを高めたいのなら「直感」が決め手になるのです。

2つめは、「希少なものと過剰なもの」という対比です。「希少なもの」の価値は高まり、「過剰なもの」の価値は減るため、「論理」と「直感」の双方が生み出すものがどちらかを考えることが必要になるわけです。

Points

- これからの時代に評価される人材はニュータイプ
- ニュータイプは直感的で自由、好奇心が強い
- 論理と直感を状況に応じて使い分けるしなやかさを持つ

絶対忘れない勉強法

堀田秀吾（アスコム）

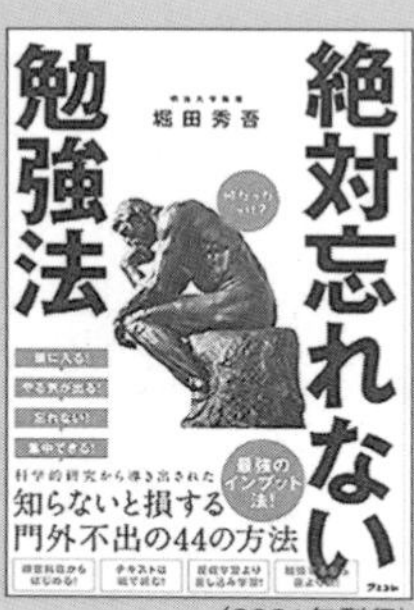

（2021年刊行）

現在、絶対的に正しいと断言できる勉強法は確立されていません。明治大学法学部教授である著者が、勉強法の指標として「そのやり方には科学的に根拠があるか」を重視しているのはそのせい。そこで本書では、優秀な学者による研究、学術誌で査読を経た論文（専門分野の学者による審査に合格したもの）を取り上げているのです。ここではそのなかから、2つのトピックスをご紹介します。

勉強に適したタイミングは？

勉強するべきタイミングは仕事前の朝か、仕事終わりの夜か？　勉強する時間がインプットの効率や記憶の定着率を左右するのなら、より効率のよい時間帯に勉強したいと思いますよね。そこで著者が着目したのは東京大学の研究。それによると、マウスの記憶のしやすさは時間帯によって大きく異なり、夜がよいことがわかっているというのです。

また別の研究では、長期記憶にはＳＣＯＰというタンパク質が重要だということが発見されているそう。さらにマウスを使った実験で明らかになったのは、活動期の前半が長期記憶に向いていること。

これらの研究結果を踏まえると、**深い思考を必要とする勉強は朝、暗記ものは夜に勉強する**

のが効率的だということになるわけです。脳科学者の茂木健一郎氏も朝の勉強時間を「脳のゴールデンタイム」と呼び、クリエイティヴィティを発揮するのに最適な時間としています。

学習スタイルを変えずに効率をあげるには？

さらに、いまの学習スタイルを変えずに効率を上げる方法のひとつとして、著者は勉強が終わったあとの筋力トレーニングについても触れています。

実は、**筋トレなどの無酸素運動も勉強の効率アップに効果的**だというのです。

ジョージア工科大学のワインバーグ氏らの研究によれば、勉強後に筋トレをしたことによって記憶力が10％向上したのだとか。著者はこの研究の興味深い点として、運動を「勉強の後」にしていることを指摘しています。というのも、運動と勉強についての研究の多くは、勉強の「前」に運動をすることを習慣化した被験者群を長期にわたって観察する研究が多いからです。

学習スタイルは変えたくない。でも効率を上げたいという人は、勉強の後に筋トレを組み込んではいかがでしょう？　運動してひと汗かき、すっきりとして寝るのは気持ちよさそうです。

なお、脳に「この情報は大切だ！」と認識させると、記憶が定着するそうです。

タイトルに「絶対忘れない」とついているのも、そう自分の脳に意識づけることが、インプットにおいてとても大切だからなのでしょう。

Points

■深い思考を必要とする勉強は朝、暗記ものは夜がおすすめ
■勉強の後の筋トレで定着率がアップする
■脳に「この情報は重要だ」と認識させると記憶が定着する

大量に覚えて絶対忘れない 「紙1枚」勉強法

棚田 健太郎（ダイヤモンド社）

（2022年刊行）

資格試験で不合格になる原因の多くは、せっかく勉強しても試験までに「忘れる」から。だとすれば、勉強したことを試験日まで「絶対に忘れないようにするしくみ」をつくれば、再現性のある勉強法になるはずです。

著者は働きながらわずか3年で、9資格の取得試験に合格したという人物。つまり本書では、そうした実績を生み出した「大量に覚えて忘れない」勉強法を紹介しているのです。

どうして忘れてしまう?

勉強しても忘れてしまい、覚えられないのは、「暗記」と「復習」の本質を理解しないまま勉強してしまっているからなのだそう。

なお、暗記がメインの資格試験の合格を目指すうえでは「復習」が大切。そしてポイントは、復習を「計画的」に行うこと。思いついたときに復習するのでは、忘れてしまっている可能性があるため遅いわけです。

ヒントは落語家の記憶法

著者も最初は、覚えられないのではなく、覚えた知識を忘れることに悩まされたようです。そのため自分に合う記憶法を見つけるべく試行錯誤を重ねた結果、たどりついたのが「落語の記憶法」だったのだといいます。

落語家のなかにも勉強が苦手な人はいるはずなのに、みなさん長い落語を暗記しています。そこには、なにか秘密があるからなのではないかと考え調べたところ、落語家の立川談笑さんが実践している記憶法に出会ったというのです。

それは、落語を段落ごとに分割し、徐々に覚えていく方法。まず1日目は、小分けにした落語を徹底的に記憶。2日目は1日目に覚えた落語を思い出し、覚えていることを確認したうえで、次の小分け部分を暗記します。そして3日目は1日目と2日目に覚えた部分を復習し、覚えていることを確認したうえで、次の小分け部分を暗記。

前日覚えた部分を翌日に復習して思い出すのです。そして記憶が定着してきたら徐々に復習する間隔を長くしていく。すると最終的には、月に1回思い出せば忘れなくなる状態まで記憶に定着することに。これを計画的に実施すれば、長期的に忘れない状態を維持できるわけです。

ポイントは、「思い出す」ことと、思い出す周期を「計画表で管理する」ことの2つ。難しいテクニックは一切必要ないのです。このやり方を試験勉強に応用できれば、覚えた知識を忘れないまま、新たな知識を覚えていくことが可能だそうです。

本書では他にも、紙1枚で大量記憶する方法や、スケジュールを表にして管理する方法も紹介されています。それらを活用すれば、忘れる一歩手前で確実に思い出すことができるようになるでしょう。

Points

- 試験で合格できないのは勉強したことを忘れるから
- 忘れるのは「暗記」と「復習」の本質を理解していないから
- 毎日小刻みに暗記し、最終的に全部覚えて忘れない方法

知的戦闘力を高める
独学の技法

山口 周（ダイヤモンド社）

（2017年刊行）

著者は、「独学の技術」がこれほどまでに求められている時代はないと語っています。そうした考えに基づく本書のキーワードは、**「知識の不良資産化」「産業蒸発の時代」「クロスオーバー人材」「人生三毛作」**の4つ。それぞれを確認してみましょう。

知識の不良資産化

現代では、学んだ知識が富を生み出す期間がどんどん短くなってきています。

たとえばマーケティング。ほんの10年ほど前まで、ビジネススクールで教えられていたのはフィリップ・コトラーを始祖とする古典的なマーケティングでした。市場を分析し、セグメントに分け……というアプローチです。しかし、そのフレームワークは急速に時代遅れになりつつあります。

昔であれば、一度覚えた知識は、プロフェッショナルの知的生産を生涯にわたって支える大きな武器になりました。ところが**現代では、知識の「旬」がどんどん短くなっている**のです。

産業蒸発の時代

イノベーションとは、それまでの価値提供の仕組みを根底から覆すような変革です。そのため、イノベーション発生以前にビジネスを行っていた企業は、その領域でのビジネスを根こそぎ奪われ、消滅してしまうような事態が発生することになります。これが「産業蒸発」で、典型的な例がアップルによるスマートフォンの発明。ガラケーからスマートフォンへの急激なシフトが発生した結果、ガラケー産業はわずか数年で「蒸発」してしまったわけです。

人生三毛作

企業の「旬の期間」が短縮化する一方で、**私たちの生涯における労働期間は長期化しています。**今後のビジネスパーソンの多くは、新卒入社した企業でのキャリアの一毛作ではなく、二毛作、三毛作を余儀なくされる可能性があります。まさに「人生三毛作」の時代です。

クロスオーバー人材

「クロスオーバー人材」とは「領域を越境する人」のこと。

さまざまな専門領域が密接にかかわり合う現代において、専門性だけを頼りにしていては、イノベーションは不可能。**イノベーションは、常に「新しい結合」によって成し遂げられるからです。**

そして「新しい結合」を成し遂げるためには、それまで異質のものと考えられていた2つの領域を横断し、それをつなげていく人材が必要になるのです。

これら4つの事象を乗り越えるために必要な力は、独学によって身につけるしかないのだと著者はいいます。世の中の仕組みが「領域横断型」の人材を生み出すようになっていないのだから、独学で学んでいこう、ということです。

Points

- ■一度覚えた知識で生き抜くことが不可能になっている
- ■イノベーションのためには新しい結合が必要
- ■学び続けて新しい時代に適合する人材になる

■「印南敦史の毎日書評」はこうして始まった

「印南敦史の毎日書評」がスタートしたのは、当時の編集長から「ビジネスパーソン向けの書評を書いてみませんか?」というオファーをいただいたことがきっかけでした。ずっと紙媒体で仕事をしてきたので、「毎日更新」というネットならではのペースには最初ちょっとビビりましたが(笑)。

それに、実はその時点で僕はビジネス書をほとんど読んだことがなかったのです。子どものころから読書は大好きでしたが、そんななかにあってもビジネス書はどこか遠い存在だったのです。

けれど、どんなものかといろいろ読んでみた結果、「あ、なるほど。こういうことね」という感じで、ビジネス書の構造をつかむことができました。そして、ビジネスパーソンに役立つ情報を発信しているライフハッカー・ジャパンがビジネス書の連載をしたいという意図も理解できました。

ちなみに最初から、採り上げる書籍は新刊であるべきだと考えていました。ネットメディアでの〝毎日連載〟である以上、新しさがとても重要だと思っていたからです。そこで、基本的には「発売から3カ月以内」の書籍を紹介するという縛りをつくって選書してきたのです。「はじめに」でも触れたように、結果としてそれらは10年を経て普遍的な価値を身につけたわけですが。

ところで当然ながら、僕は読書家の部類に入るのだろうと思います。しかし書評家である以上、自分の視点だけをよりどころにして選書してはいけないとも考えています。なぜって、「ビジネスパーソンのためのニュースメディア」での書評なのですから。つまり、本が好きな人でも読書習慣のない人でも、同等に「役立ったな」と思ってもらえるように意識しているわけです。

なお、いつもイメージしているのは「ビジネスパーソンが出勤途中の電車のなか、スマホでサラッと読める感じ」です。吊り革につかまりながら読んだ結果、「ちょっと得した」と思っていただけることこそ、なにより大切なことだと考えているのです。

lifehackerの視点

普遍的なテーマは変わらないから何度も伝える

ライフハッカー・ジャパン編集長の遠藤です。

「毎日書評」を連載している「ライフハッカー・ジャパン」は、仕事で活かせるさまざまなティップスをビジネスパーソンに届けているオンラインメディアです。

仕事に役立つ情報を多く紹介していますが、なかでも「よいチームとは?」「コミュニケーションにとって大切なこと」などといった、普遍的なテーマはとくに積極的に扱っています。連載では、こういったテーマに関して、一冊一冊の著者それぞれの角度から(もちろん印南さんの視点も加わったうえで)光があたる点が面白い。同じテーマも繰り返し扱いますし、いろいろな著者の本を紹介いただいています。

ちなみに、私が「仕事力」で重要だと考えているもののひとつに「伝える力と受け取る力」があります。伝え方ひとつとっても、言葉を磨きたいと思う人もいれば、説得力のある資料をつくりたいという人もいるでしょう。スキルアップの目的もそこに至る手段も人それぞれ。読者の方には「今の自分に役に立つ一冊」に出会っていただけたらな、と思います。

第2章

コミュニケーション力がどんどん高まる1テーマ3冊

コミュニケーション力を構成するもの

第2章ではコミュニケーション力を高めるスキルとして、「対人術」「会議・ファシリテーション」「上司力」「組織での生き方」「チーム」「マネジメント」「マナー」と7つのテーマに関連する書籍をご紹介しています。

これらのテーマに共通するのは、「一般的に常識とされていることが、実は違う」というどんでん返しが多いことかもしれません。たとえば上司力であれば、世間一般でいま求められているのは「共感型」の指導ではないでしょうか。しかし、本書でご紹介している書籍の多くはそうではありません。『リーダーの仮面』(安藤広大 著、ダイヤモンド社)が、ルールや立場の上下を適切に用いてある程度厳しく律することをすすめているように、(程度の差こそあれ)共感型とは違う角度から上司力について語っているのです。

対人術にしても同じ。ここでは「コミュ障」問題をテーマにした書籍を採り上げていますが、どれも「コミュ障」を治すのではなく、「コミュ障」を前提とした生き方を提案しているのです。

なぜならコミュニケーションとは、突き詰めれば「他人と接する」ということだから。「人は人」であって自分とは違うので、かみ合わなくて当然なのです。したがって、コミュニケーションに障害が生まれるのは「よくあること」。だから、それを前提としてやっていこうというスタンスであるわけです。

やや極論ではありますが、人は多かれ少なかれ欠けているもの。そして、〝自分とは違う誰か〟がたくさん集まっているのが会社という組織です。だとすれば、自分だけが欠けていないように見せる努力をしたり、「自分は欠けていない」と信じ込んだりすること自体が欠けている証ともいえるのではないでしょうか。

そういう意味で2章のコミュニケーションスキルは、大前提としてそれを「受け入れる」ことが大切だということになるはずです。

注文をまちがえる料理店

小国士朗（あさ出版）

（2017年刊行）

間違えても誰も困らない

著者はテレビ局のディレクター。認知症の方々が暮らすグループホームを取材しているとき、「献立はハンバーグ。でも、食卓に並んでいるのは餃子」という体験をしたのだそうです。

しかし、「これ、間違いですよね？」と尋ねたら、おじいさん、おばあさんたちが築いている〝あたりまえ〟の暮らしが台無しになってしまうかもしれません。それに考えてみれば、ハンバーグが餃子になったって、誰も困らないはず。おいしければそれでいいわけです。

このユニークなエピソードをきっかけとして認知症の方々が「間違えることを受け入れて、間違えることを一緒に楽しむ。そんな新しい価値観を発信できたら」という思いが高まり、「〝注文をまちがえる料理店〟というのをやりたいんですけど」と、お店をオープンする仲間集めを開始したというのです。

奮闘の甲斐あって、わずか2カ月で認知症介護の専門家をはじめ、各分野のプロフェッショナルが集結し「注文をまちがえる料理店実行委員会」が発足。まずは2017年6月3、4日の2日間限定で、都内にある座席数12席の小さなレストランを借り、試験的にプレオープンしたところ、テレビ各局、新聞、雑誌からの取材依頼が殺到したのだとか。

コストから価値への転換

「注文をまちがえる料理店」をやってみた著者のいちばんの発見は、「ものすごい数の間違いが起きるんだな」ということ。しかし、怒ったり、苛立ったりした人はいなかったそうです。

　お客さんにとっては「間違えられちゃうのかな」というドキドキ感、間違えられたときの「伝えるべきか」という葛藤、「ま、いいか」という結論、それらすべてがとても新鮮だったようなのです。

　「間違える」という行為、あるいは認知症は、社会的には〝コスト〟と考えられてきたと著者は指摘します。ところが**「注文をまちがえる料理店」が登場し、〝コスト〟は大きな〝価値〟にひっくり返った**のです。

　実際、「注文をまちがえる料理店」のなかにいると、哀れみや同情といったネガティブな感情はほとんど見受けられなかったようです。それどころか、お客様が認知症の状態にある方を見つめる視線が、不思議に感じるほどキラキラしていたというのです。そのことを著者は、「みなさんが堂々と、自信を持って働けているから」だと考察しています。

　僕たちは今後、多くの高齢者とともに生きていくことになります。そんななかで大切なのは、著者のいうように彼らを「受け入れる」ことです。

　「将来的に自分たちはどうすべきか」をイメージしてみるきっかけとして、本書を手にとってみてはいかがでしょうか？

Points

- 「間違えてはいけない」をやめてみたら見え方が変わった
- 「間違える」がコストではなく価値になる
- 「まったく違う状況にいる人にどのように接するか？」を考える

人が動きたくなる言葉を使っていますか

ひきたよしあき（大和書房）

（2021年刊行）

「忖度」「炎上」などの影響で、思いのままに語りにくい風潮が強くなり、ことばの力を発揮しづらくなっているのが現代です。本書は、博報堂でコピーやＣＭに携わりつつ、スピーチライターとして政治家や企業トップのスピーチも書いてきた著者が、そうした悩みに対して自分なりの解決策を示した一冊。

ことばが出てこないのは、声が出ていないから！

ことばがスラスラ出てこない人が無口から抜け出すためには、人前で話すこと以前に、「声を出す」ことが大事だと著者は主張しています。

その手段のひとつが、「ひとりごと」。大きな声でひとりごとをいってみるなど、常に沈黙を破る訓練をしておくといいというのです。著者によれば「ひとりごと」は、Ｚｏｏｍのチャット機能のようなもの。つまり、普段の生活のなかで「ひとりチャット」をする機会を増やそうという考え方です。

「ひとりチャット」で沈黙を破れるようになったら、次は対人コミュニケーション。とはいえ大げさなものではなく、本書ですすめられているのは「挨拶をする」というシンプルな方法。ちなみに漢字の「挨」と「拶」には、ともに「押す」という意味があります。その場の空気を押して、声で場を支配するのが挨拶なのです。逆にいえば、大きな声で挨拶をしないと、はじめから相手の支配する空気に収まってしまう。そのため交渉も、いい結果には結びつかないのです。

他人の評価に怯えない

「人前でうまくしゃべれない人がとくに苦手なのは、上司や同僚、得意先など、自分をよく知る人の前で話すことではないか」、著者はそう指摘しています。「また部長に、『いいたいことをはっきりいえ！』とどやされるのではないか」「部下に『全然、意味わかんないんですけど』と馬鹿にされるのではないか」などと考えてしまい、しゃべれなくなってしまったり……。

しかし、部長の「はっきりいえ」も、部下の「わからない」も、自分が想像しただけのこと。また、知っている人が相手だと、繊細な人は「あの人なら、こういう悪い評価をするに違いない」と想像してしまったりするかもしれません。

それを克服するために有効なのは、知らない人が集まるところに出かけること。勉強会でもセミナーでも、自分のことを知る人のいない場所に出かけ、いつもとは違う自分を演じてみる。そうすれば、相手は知らない人なのだから、どう見られようが、なにをいわれようが知ったことじゃないという気持ちになれるわけです。

スピーチライターをやりながら大学で教鞭をとる人物が、手紙を綴っているような体裁になっている構成。そのため、共感もしやすいはずです。

Points

- ■ことばが出てこないのは声が出ないから
- ■声を出すには大きな声で挨拶から
- ■「悪い評価をされたらどうしよう」という不安は単なる思い込み

人と会っても疲れない コミュ障のための聴き方・話し方

印南敦史（日本実業出版社）

（2017年刊行）

「コミュ障」とは、「コミュニケーションが苦手な人」を指すことばです。「自分はコミュ障だ」と自覚している人も少なくないのではないでしょうか。

しかし、**コミュ障であろうとなかろうと、社会人である以上は人とのコミュニケーションを避けることはできません。**

コミュ障を受け入れる

では、どうすればコミュ障を克服できるのか？　それは「受け入れる」ことです。「コミュ障がダメだ」と考えているからつらくなる。いまコミュ障である自分を否定せずに受け入れてしまえばいい。まずすべきは、考え方を少しだけ変えてみることなのです。

他人からすれば、目の前の相手がコミュ障だろうがなんだろうが、どうでもいいことです。大切なのは、相手とのコミュニケーションからなにかを得られるか否か、それだけだからです。つまり、相手が話し下手だったとしても最低限のコミュニケーションがとれれば充分。それは、相手の話を聞く場合でも同じです。

コミュ障の人には、真面目な人や完璧主義の人が多いと思います。話を聞く際にも「ひとことも漏らさず、きちんと聞かなきゃ。理解しなきゃ」と気負いすぎるきらいがあるのです。だから逆に緊張して、「聞けない状態」へと自分を追い込んでいってしまう。しかし現実的には、聞き漏らしなんて誰にでも起こりえること。そう考えたほうが、コミュニケーションは円滑に進むのです。

たいていの場合、相手は自分が思っているほどこちらに興味を持っていないものです。そう考えれば、人と接することをそれほど苦痛に感じなくなるのではないでしょうか？

コミュ障を言い訳にしない

コミュ障であることが当たり前という前提に立てば、「自分はコミュ障なんだから、人とうまく話せなくても仕方がない」、と、いい意味で開きなおることができます。コミュ障なら、自分がコミュ障であることを前提としたコミュニケーションをとればいいのです。

ネガティブになることが目的ではないのですから、「そこからどう進み、どう克服していけばいいのか」を考えるべき。しかも修行のように眉間にしわを寄せて取り組むのではなく、コミュ障を抜け出すまでのプロセスを、自分のことを観察しながら楽しんでしまえばいいわけです。

本書を通じて僕が強く訴えたいことのひとつが、**「できない＝できるようになる可能性がある」という考え方**。「コンプレックスを拭えない」は、「拭えるようになる可能性がある」ということです。同じように、「コミュニケーションがうまくいかない」とは、「うまくいくようになれる（コミュ障を脱却できる）可能性がある」ということなのです。

Points

■コミュ障であることを受け入れる
■「コミュ障だから～できない」と考えない
■「これからできるようになる可能性がある」と考える

グーグル、モルガン・スタンレーで学んだ

日本人の知らない会議の鉄則

ピョートル・フェリクス・グジバチ
（ダイヤモンド社）

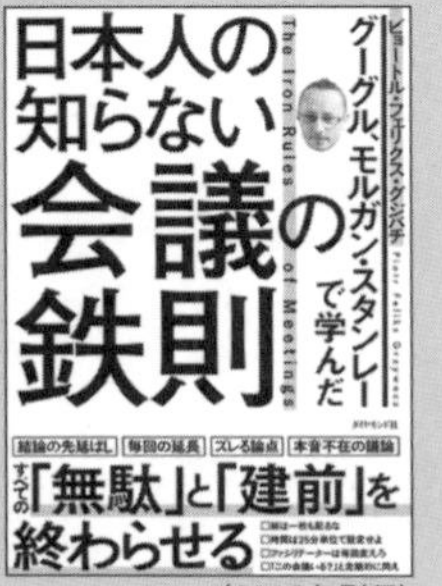

（2018年刊行）

著者はポーランドに生まれ、2000年に来日してからグーグル、モルガン・スタンレーなどで数々の実績を残してきた人物。

ここでは、会議の生産性を最大化するために、「資料」「議事録」「プレゼン」の3つに焦点を当てています。

資料のメール添付は禁止！

会議になくてはならない「資料」に関しては、「クラウドで共有」が基本だそう。ローカルでの作業と資料のメール添付は一切禁止だというのです。著者はグーグルドキュメントを多用しているそうですが、それは「クラウドで共有することで、資料をやり取りするタイムロスをできるだけ削減したい」という理由からのこと。クラウドなら、資料の修正や更新もアップするだけなので効率的だというわけです。会議では資料を開いたPC画面をスクリーンに映し、議論の内容をリアルタイムで書き込むことが可能。その場でゼロから資料の大枠を作成したり、ブラッシュアップしたりすることもできます。

また、資料のクオリティに対する期待値は、統一した見解をチーム内でつくるべきだそう。つまりそれが生産性アップにつながると、著者は考えているのです。

議事録は会議中に完成させる

まず、議事録係のPCを会議室のプロジェクターにつなぎ、スクリーンに映し出す。そして、アジェンダをベースにリアルタイムで議事録を完成させるという方法を著者は提案しています。議事録に書くべきことは、「決まったこと」と「次のアクション」の2つだけでOK。こうすれば、ホワイトボードに板書する係と議事録をつくる係を設定する必要がなくなるからです。

議事録づくりにはグーグルドキュメントを利用。共有のURLを参加者全員に知らせておけば、メールを送る手間はいりません。しかも議事録を常に上書きしていくかたちにしておけば、ファイルもひとつで済んで効率的なのです。

プレゼンはゴールを明確に

プレゼンテーションにおいて重要なのは、「なにをゴールとしたプレゼンなのかを明確にする」ことだと著者は強調しています。意思決定がプレゼンのゴールなら、決定の判断材料になるデータがあれば充分。情報共有がゴールなら、相手に伝えたいメッセージが伝わればいいわけです。

思い切ってプレゼンのポイントを絞ることも大切。何十枚もスライドを並べる必要はないのです。多くの日本企業がやりがちな「スライドを完璧にする」ことに気を取られ、プレゼンのゴールが曖昧になることを防ぐ必要があるのです。

また、**「資料に書かれていない情報を伝えられた者こそが、プレゼンを制すのです」**という著者のことばは、記憶にとどめておきたいところです。

Points

- ■資料作成はクラウドで
- ■議事録は会議中につくる
- ■プレゼンはゴールが大事

ゼロから学べる！

ファシリテーション超技術

園部浩司（かんき出版）

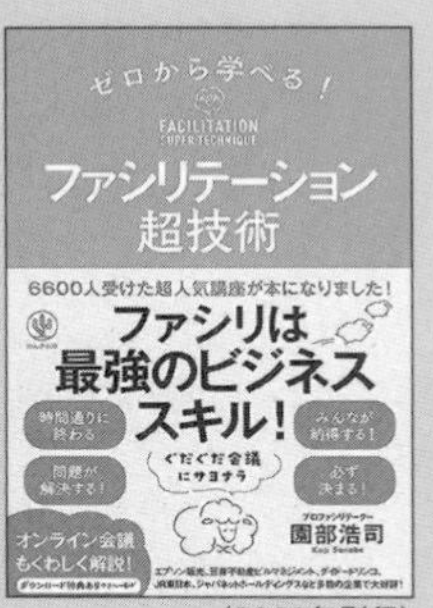
ゼロから学べる！
FACILITATION SUPER TECHNIQUE
ファシリテーション
超技術
6600人受けた超人気講座が本になりました！
ファシリは最強のビジネススキル！
時間通りに終わる
みんなが納得する！
問題が解決する！
必ず決まる！
ぐだぐだ会議にサヨナラ
オンライン会議もくわしく解説！
プロファシリテーター
園部浩司

（2020年刊行）

ご存知のとおり「ファシリテーション」とは、会議やミーティングをスムーズに進めるための技法。プロのファシリテーターとして、会議のファシリテーションなどを行っている著者は、「ファシリテーション力は、仕事を遂行するうえでの土台」だと述べています。

ファシリテーション＝会議を円滑に進めること

たとえば、企画を立てるときにはメンバーみんなで企画立案しなければならないので、当然ながら会議が必要となります。また、企画が通り、プロジェクトがスタートし、成果物をつくるプロセスにおいてもファシリテーション力は必須。なぜなら、「どのようにやるのか？」「進捗はどうなっているのか？」など、ひとつの仕事が終わるまで会議は続くからです。会議の質が仕事の生産性に直結するからこそ、ファシリテーションは仕事をするうえで土台になるスキルだといえるのです。

ファシリテーションは「会議を円滑に進行する」ことでもあります。つまり、「会議を進行すればＯＫ」ではなく、**会議のテーマが決まったら「円滑に進めるためになにができるのか」を考え、活発な意見が出るようにするのがファシリテーターの役割なのです。**

そのために重要なのは、どの

ように進行すべきか、あらかじめ〝脚本〟を考えること。その会議がどう着地するのか、結論まで予測していく必要があるわけです。また会議当日は、全員が意見をいえるように配慮するなどの〝場づくり〟も欠かせません。そして時間どおりに終えることにも徹底してこだわることが必要なのです。

よいファシリテーターの条件

ファシリテーターに求められることは、おもに3つあるそう。

1つめは「会議をデザイン（設計）できるか」。ファシリテーターは、会議前にテーマについてアジェンダ（会議の進行表）をつくり、どのような順番で進め、どのように議論すれば結論に至り、参加者全員が納得できるかについておおよそ設計しておくべきだということ。この設計で、会議の成否が決まるといっても過言ではないそうです。

2つめは「会議をリードできるか」。ファシリテーターは会議当日、事前につくったアジェンダに沿って会議を進行させます。順序や意見の整理、時間管理などを考えつつ、アジェンダで決めた内容を確実に進める役割があるのです。そこで、常に軌道修正を行いながら会議をゴールに導くことが求められます。

3つめは「〝場づくり〟をできるか」。上司と部下が会議に同席していると、ポジションパワーが出やすいもの。そんなとき、ファシリテーターがいれば全員を平等に扱うことが可能になるわけです。

Points

- ■ファシリテーションの力は仕事を円滑に進めるための土台
- ■ファシリテーションとは会議を「円滑に進行する」こと
- ■会議をデザインし、リードし、場をつくることが大切

最高品質の会議術

前田鎌利（ダイヤモンド社）

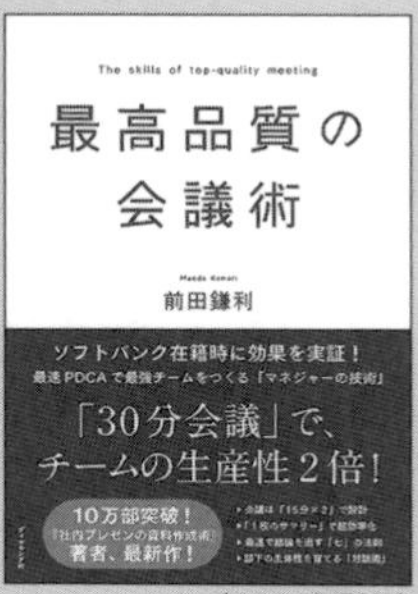
The skills of top-quality meeting
最高品質の
会議術
前田鎌利
ソフトバンク在籍時に効果を実証！
最速PDCAで最強チームをつくる「マネジャーの技術」
「30分会議」で、
チームの生産性2倍！
10万部突破！
『社内プレゼンの資料作成術』
著者、最新作！

（2018年刊行）

「課長クラス以上のマネジャーにとって「会議術」は、チームの生産性を上げるために必須のスキルです（「はじめに」より）」。こう断言する著者は、2010年に孫正義社長（現会長）の後継者育成機関である「ソフトバンクアカデミア」第1期生に選ばれ、数々の実績を打ち立ててきた人物。

「会議は1時間」の思い込みを捨てる

多くの場合、「会議は1時間」という考え方が一般的ではないでしょうか。**しかし、「なぜ1時間なのか?」と改めて考えてみると、明確な答えが存在しないことに気づくことができます。**「以前からそうだったから」「きりがいいから」など、あやふやな理由で「1時間会議」を続けているケースが少なくないわけです。

ところが、それこそが「会議の品質」を落とす大きな原因。たとえば「1時間あるから」と、本来なら定例会議からできるだけ排除すべき「情報共有」「伝達」「報告」などに余分な時間をかけてしまうこともありうるのです。あるいは、定例会議にかける必要性の薄い案件まで議題に上げると、タイムロスを生んでしまうことにもなるでしょう。

そんなことを繰り返していると、定例会議から緊張感が失われ、ムダなコストが積み上がってしまいます。そのムダを知っているからこそ、著者はマネジャーになったとき、定例会議は「30分」を基本とすると改めたのだそうです。高品質な会議を生み出すため、あえて時間的な制約を設ける発想の転換です。

30分会議の進め方

そもそも、人間の集中力は15分周期だといわれています。そこで著者は、ワンブロック「15分」を2サイクルで回す「30分会議」を定例会議の基本にしたそう。「インプット＋アウトプット」の2部構成に、それぞれ「基本的に15分以内」という制約を設け、「15分×2＝30分会議」になるようにしたのです。

まずインプットは「情報共有」の時間。メンバーに業務上必要な情報をインプットしてもらうパートです。意思決定とは直接関係しないパートについてはできる限り簡略化する工夫をし、短縮化するように心がけることが大切。慣れれば、15分をフルに使わなくても終えられるようになるそうです。

次のアウトプットは「提案・議論」の時間であり、これこそが定例会議の本題。メンバー全員のディスカッションを経たうえで意思決定（＝アウトプット）をするのです。インプット10分、アウトプット10分で終われば、20分で解散してもまったく問題なし。重要なのは、最初に「30分」という制約を設定すること。そうすれば、制約をクリアするためのアイデアが必ず出てくるからです。そうやってメンバーの高い集中力を引き出すことにより、「最高品質の会議」の実現が可能になるのです。

Points

- ■会議は意思決定の場
- ■1時間会議の必要性はあるのか?
- ■インプットとアウトプットをそれぞれ15分以内で行う

リーダーの仮面

「いちプレーヤー」から「マネジャー」に頭を切り替える思考法

安藤広大（ダイヤモンド社）

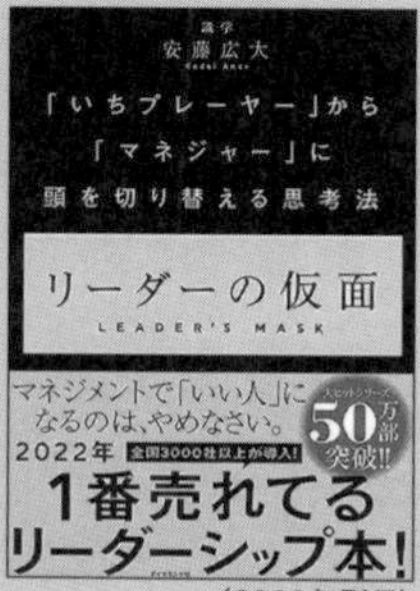

（2020年刊行）

優れたリーダーは組織マネジメントの「公式」を知っている

組織マネジメントには数学や物理のように、「公式」があると著者はいいます。その公式がわかれば、組織内のエラーが少なくなり、再現性も約束される。すなわち誰でも成果が出せるようになるということです。「どう振る舞えばいいか」と悩む人でも、ポイントさえ押さえれば、部下を成長させ、結果を出すリーダーになれるわけです。

はじめて部下を目の前にしたときには、「ひとりの人間」として多くのことを考えてしまいがち。とくに面倒見のいい人は、つい寄り添って「思いつき」でものをいってしまったりもするかもしれません。しかし、**そうした感情から始まる思いつきの言動が、部下の成長を止めることもあるのです。**

つまり、決起会などでやる気を一時的に上げるより、平常心で淡々と成果を出すほうがはるかに重要だということ。そして、そうした環境を整えるのがリーダーの仕事だという考え方なのです。

リーダーがフォーカスすべき5つのポイント

なお、リーダーがフォーカスすべきなのは「5つのポイント」

だけだと著者は断言します。

①「ルール」→場の空気ではなく、言語化されたルールをつくる

②「位置」→対等ではなく、上下の立場からコミュニケーションする

③「利益」→人間的な魅力ではなく、利益の有無で人を動かす

④「結果」→プロセスを評価するのではなく、結果だけを見る

⑤「成長」→目の前の成果ではなく、未来の成長を選ぶ

これら5つのポイントにフォーカスして、マネジメントを見なおすことが重要なのです。そうするだけで、リーダーとして別人のように変われるそう。

「こんな指導をしたら人が離れていくんじゃないか」と不安に思われるかもしれませんが、それは誤解であり、実際は逆であるようです。雰囲気がよくなるから成果が出るのではなく、成果が出るから結果的に雰囲気がよくなるのです。

リーダーの役割は、部下たちのモチベーションを上げることではなく、成長させること。そして、人間の意識構造を知っておけば、どのような誤解が生まれるか、どうすれば誤解を回避でき、部下たちが行動し、成長していくかを知ることができるそうです。

本書では、こうした考え方を軸に、「ルール」「位置」「利益」「結果」「成長」についての思考法がわかりやすく解説されていきます。そのため、マネジメントのノウハウを効率的に吸収できることでしょう。

Points

- 組織マネジメントには公式がある
- 人を動かすためには感情ではなく環境を整える
- 「ルール」「位置」「利益」「結果」「成長」にフォーカスする

部下は動かすな。

大平信孝（すばる舎）

部下は
動かすな。
大平信孝
「動かす」をやめると
部下は変わる

（2022年刊行）

部下は無理やり動かしてはいけない

著者は、これまで1万5000人のリーダーや組織に対して研修やコーチングを行ってきた人物。数十年にわたって活動を続けてきた結果、「部下は無理やり動かしてはいけない」という結論にたどり着いたのだそう。

まず動かすべきは「リーダー」だというのです。リーダーは自分を知り、自分をマネジメントすることから始める必要があるということ。リーダーが変化すれば、部下もチームも動き出すからです。

まず、口癖を変える

リーダーが変わるための方法のひとつが、口癖に注目すること。

そして、まず指摘されているのが「でも」「だって」です。「でも」「だって」を使うと、罪の意識や後悔を感じなくてすむかもしれませんが、成長からも遠ざかることになります。さらには、まわりの人のやる気を削いでしまう危険も。

そこで著者は、**「でも」という口癖を「それなら」「じゃあ」にいいかえるべき**だと主張しています。「それなら、試してみよう」「じゃあ、明日朝イチでやろう」というように。つまり、「いま、ここからどうするか」をイメージできることばを使うのです。また「だって」の代わりに使うべきは、「だからこそ」。「Aさんが反対していたからこそ、慎重に取り組んで絶対に成功させよう」など、うまくいかない原因よりも、うまくいく方法を探すという発想です。

他にも、やめるべきリーダーの口癖がいくつか紹介されています。

たとえば「わからない」は、思考停止、行動停止、責任放棄するために都合のいいワードです。しかし「わからない」と口にした瞬間から、それは苦手事項になってしまうはず。そこで、「わからない」ではなく「わからないからこそ」を使うべきだというのです。

また、「忙しい」にも気をつけたいところ。誰にでも1日24時間は公平に与えられています。にもかかわらず「忙しい」と口にしてしまうのは、優先順位が不明確か、仕事を抱え込みすぎているから。そこで「忙しくて燃える」などポジティブな表現をすべきなのです。

こうして並べてみると、これらすべてが「言い訳」であることに気づきます。事実を見ずに、自分を正当化して言い訳をしているのです。

リーダーシップを発揮するために必要なのは、人を惹きつけたり動かしたりする特別な才能でも、高度なテクニックでもないと著者は断言しています。これらは、土台が整ったうえではじめて功を奏するもの。そんな土台を強固なものにするためにも、本書を参考にしたいところです。

Points

- ■部下を動かすのではなく、まずリーダーから変わる
- ■口癖を見なおすことが大切
- ■ネガティブな言い回しをしない

［図解＆ノート］できるリーダーは、「これ」しかやらない
9割のマネージャーが知らない「正しい任せ方」

伊庭正康（PHP研究所）

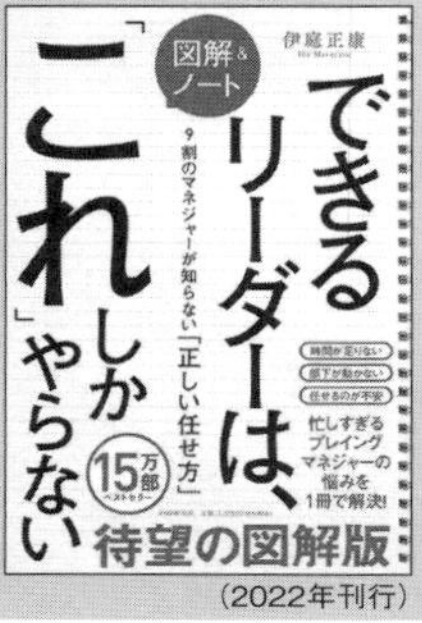

（2022年刊行）

著者は、「いまのリーダーはがんばりすぎている」と思い続けているそうです。なにしろ会社からは高い目標を課され、常に人手不足で、マネジャー業務のみならずプレイヤー業務も行わなくてはならないのですから。著者自身にも「がんばりすぎる」管理職だったことがあり、また同じような方々をたくさん見てきたといいます。

つまり、そうした経験から得たノウハウをもとに書き上げられたのが本書。ここでは第2章『部下に任せきれる』リーダーになるために」のなかから、要点を抜き出してみましょう。

人に仕事を任せるために必要な覚悟とは

「この人の可能性に賭ける」という覚悟と、「裏切られたら、そのときは自分が悪かったのだ」と受け入れる覚悟。任せるために必要なのは、この2つだと著者は主張します。

経験の浅い部下が、最初から思ったとおりにできないのは当然であり、むしろ期待すべきは、その人のノビシロ。「その仕事を任せることで、どんな成長のきっかけを与えられるのか」を考えて任せるべきなのです。逆にいえば、任せられないのは目先の業務遂行のことしか考えていないから。

新人のうちから チャレンジさせる

「新人の４年目以降の成長は、最初の３年の経験で決まる。またそれは、彼らが『克服すべき厳しい経験』ができるかどうかで決まる」（36ページより）

著者はこうも述べています。部下の成長を願うのなら、新人のうちから少しずつ「チャレンジ」をさせる必要があるのです。

ただし、相談してきた部下に対し、「まずは、君が正しいと思うようにやってごらん」などと答えてしまうのはNG。それでは、部下を不安にさせてしまうだけだからです。

まず大切なのは「リスクの低いチーム仕事」をピックアップし、任せること。そうすれば、部下の成長のスピードが大きく変わるそうです。部下に1日も早く「頼れる人材」になってもらうためにも、試してみるべきかもしれません。

できるリーダーは 失敗を語る

著者は、「できるリーダー」が決まってやっていることのひとつとして**「あえて、失敗を語ること」**を挙げています。「新人の時はさ、目標達成のプレッシャーでお客様視点が消えていたんだよね。お客様から叱られて、ようやく気づいたよ」というように。それを聞いた部下は、「上司でも、昔はそうだったのか」と安心し、自分も挑戦しようと思うはずだからです。

多くの場合、リーダーは孤独です。だからこそ、自分自身と対話をしてほしいと著者は記しています。そうすることでリーダーとしての能力が高まり、明日への活力も湧くのです。

Points

- ■部下に期待すべきはすぐの結果ではなくノビシロ
- ■新人の成長は最初の３年の経験で決まる
- ■できるリーダーはあえて失敗を語る

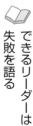

職場のざんねんな人図鑑
やっかいなあの人の行動には、理由があった!

石川幹人（技術評論社）

（2020年刊行）

どんな職場にも、「ざんねんな人」がいるものです。しかし、人間の行動や心理を理解できれば、職場環境も改善されるはず。人間を全25属に分類している本書は、そうした理想を目指して書かれたのだそうです。

たとえば分類された25属のなかに、すぐマウントをとりたがる「マウント属」がいます。

他人が評価されるのを嫌い、自分の自慢話をする。他人の評価を下げ、他人より上位にいようとする。しかも思ったような評価を得ることができなかった場合、機嫌を悪くしたり、いつまでも人に突っかかったような話をしたりすることもあるので厄介なタイプです。

人間関係はチンパンジーの階層社会と同じ!?

マウント属は、他人を支配することで自分の立場をよくしようとする戦略をとるもの。著者はそれを、「チンパンジーのような上昇志向のあらわれ」だと表現しています。

「チンパンジーの群れは、ボスを頂点にした階層集団です。食料の獲得も配偶者の選択も、上位の個体が優先されます。上の命令に下が従うのが基本です。その仕組みは、敵が襲ってきたときに首尾よく反撃するなど、素早い対応が必要なときには功を奏します。しかし一方、上下

関係を決定するためのもめごとが集団内で終始起きる問題が発生します。ボス争いに至っては熾烈をきわめる戦いになり、有能な個体が失われるなどの損失も大きいです」（168ページより）。

迅速な意思決定が求められる企業においても、チンパンジーのような階層性が取り入れられています。たとえば、役職による上下関係。昇進をめぐる探り合いや見せつけあいは、しばしば起こっているはずです。

最下層は誰か？ という争いの力学

昇進をめぐる争いというと、**階層の上のほうで起きることと思われがちかもしれませんが、底辺でも起きる**と著者はいいます。目的は、最下層を確認すること。階層の末端のチンパンジーは、いつも「おこぼれちょうだい」の身分なので、食糧不足になれば真っ先に餓死してしまいます。階層の末端にいることの危険性は少なくないのです。

人間社会において、「末端にいること」への不安は大きいものです。会社内での立場が弱ければ、仕事を無理やり押しつけられたり、損な役回りを強いられることが多々あるからです。

そのため、自分より下の人間をつくることで精神的な安定を求め、自己を防衛しようとするわけです。

明治大学教授で「認知科学」が専門の著者は「本書によって多様な人々が活躍でき、快適に生きる職場環境が実現されることを願っている」と記しています。「ざんねんな人」と無理なく共存するために、活用してみてはいかがでしょうか。

Points

- ■人間には25タイプある
- ■人間の組織もチンパンジーと同じ階層社会
- ■最下層は誰か？ という争いもある

なぜかうまくいく人の「秘密の習慣」（ハンディ版）

佐藤 伝
（ディスカヴァー・トゥエンティワン）

（2021年刊行）

「やることが多いと、少しでも多くのことを少しでも短時間でこなしたいと思ってしまいがち。けれど結局は、自分にできることを少しずつやっていくしかない。スモールステップよりもさらにブレイクダウンし、赤ちゃんが歩くくらいのベビーステップで臨むことが大切」。著者はそう主張しています。

1日単位で見れば小さな成長でも、やがては大きな成果になるはず。つまりそれが、習慣の「秘密の力」だということです。本書ではそうした観点に基づき、さまざまな〝習慣〟のあり方を提示しているのです。

人間関係で大切な縁をつなぐ挨拶

小さな積み重ねが大切なのは人間関係も同じ。たとえばいい例が、「自分から先にあいさつする」ことです。「挨拶」という漢字には「心を開いて相手に迫る」という意味があるそうです。つまり、自分からオープンマインドで相手に近づくのが上手なあいさつだということです。とはいえ、ちゃんとあいさつできない社会人は散見されるもの。そこで著者は、「縁をつなぐことができる上手なあいさつの方法」を紹介しています。

まず大切なのは、自分から「フルネーム」で名乗り、相手に印象を残すこと。次に「相手の話」で盛り上げ、自分が相手に興味を持っていることを伝えます。そして最後に、次のアポイントをとるのです。

さらには、**「近々、ごあいさつにうかがっていいでしょうか？」と伝え、本当に実行することも重要**。どれも簡単なので忘れてしまいがちなことかもしれませんが、それらをあえて意識的に実行することが、いい人間関係につながっていくのです。

「聞き上手」になる小さな習慣

また、人に好かれるには、「話し上手」よりも「聞き上手」になるべき。そこで意識しておきたいのが「アクティブ・リスニング（積極的に聞く）」です。聞き上手になるコツは、「相づち」と「繰り返し」。相手の話に対して「なるほど！」「そうなんですね」と意識して相づちを打ち、相手のことばを繰り返すのです。

「あの案件は大変だったよ」に対しては「それは大変ですね」と返してみる。自分のことばに相手が反応すると、人は心地よく感じるものだからです。また、相手に8割話をさせて、自分の話は2割にとどめることも重要。そうすれば、「また会いたいな」と思ってもらえる可能性がぐっと上がるからです。

あくまで重要なのは、「ほんのちょっと」。ちょっとずつ、ちょっとずつ続けることが人生を改革するエンジンになるわけです。そんな本書のコンセプトを応用してみれば、いままでうまくいきにくかったことがうまくいくようになるかもしれません。

Points

- 小さな習慣も、積み重なれば大きな力になる
- あいさつをした際に、次のアポイントをとる
- 相づちと、相手のことばの繰り返しで聞き上手になれる

「伝えたつもり」をなくす本

中山 マコト（総合法令出版）

（2019年刊行）

本書の著者は長きにわたり、企画、リサーチ、コピーライティング、販売促進など、広告の世界で仕事をしてきた人物。いうまでもなく、それらはすべて「伝える仕事」です。そこで本書では、著者が「伝える仕事」を通して得た「〝伝えたつもり〟のなくし方」を公開しているのです。

最初に伝えるべきものはなにか?

「伝える」際、順番・順序はとても重要です。なぜなら**人には「聞きたい順番＝気持ちの動線」がある**から。したがって、聞きたいことが相手の口からなかなか出てこなかったりすると、じらされているように感じることもあるわけです。

たとえば、こちらが伝えるべき商品のポイントが価格だったとしましょう。一例として、ダイソンの掃除機を思い浮かべてください。ダイソンの掃除機が出た当時、かなり高めの価格設定でした。しかし、価格の高さを補って余りあるくらい性能が秀でてもいました。

この場合であれば、価格を先に伝える必要があります。「この掃除機は○万円です」と価格をズバリ伝え、そのうえで「でもこんなに高性能！　国産品にはない素晴らしい性能が備わっているよ！」というべきだということ。

性能の話を先にして、期待値を上げに上げたうえで最後に金額を示すと、「こんな値段じゃ買えない！」と反感を買ってしまう可能性があります。

そのため、こうした「価格が高いけれども圧倒的に高性能」な製品の場合は、価格を最初に伝え、そのうえで期待値を超える実力を示したほうがいいわけです。すなわちそれが、「順番にこだわる」という考え方。

メッセージは物語で包む

メッセージを伝えるとき、「物語」はとても有効です。なぜなら人は多くの場合、小さなころから昔話やおとぎ話を読み聞かされて育った経験を持っているから。

物語の強みは主人公になれることです。自分自身を主人公に置き換え、なぞらえ、〝化体（けたい）〟させることができるわけです。物語は、他人事ではなく、自分のこととして捉えてもらいやすいのです。

そして物語の持つ最大の強みは、「人は物語を最後まで聞きたくなるようにできている」ことだと著者は指摘しています。物語は最後まで行かないと納得できないものです。だからこそ、最後まで聞こうとしてしまうわけです。

したがって、自分の物語を語ることが意味を持つのです。

とはいえ、たいしたストーリーでなくても問題はないようです。ちょっとした物語を語るだけで、相手の気持ちは前のめりになるというのです。

つまりはちょっとした工夫で伝え方は円滑になるでしょう。

Points

- ■物事をうまく伝えるには、「正しい伝え方」が大切
- ■ものをうまく伝えるには順番が大切
- ■メッセージは物語で伝える

管理ゼロで成果はあがる
「見直す・なくす・やめる」で組織を変えよう

倉貫義人（技術評論社）

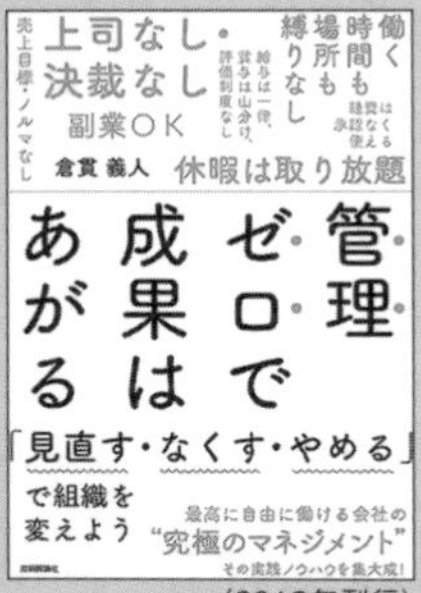

（2019年刊行）

著者は、システム開発を行う株式会社ソニックガーデンの創業者、代表取締役社長です。同社のポイントは、本社オフィスがないこと。社員の半数以上が15都道府県にまたがる地方で在宅勤務をしており、管理職もいないというのです。

システム開発は創造的な仕事だからこそ、社内ルールは少ないほうがいい。ルールに縛られると独創性は失われ、社員のやる気は下がり、生産性が落ちる。そう考え、管理することをやめたのだとか。

生産性の高い組織に必要な3つの段階

生産性の高い組織にするためには、大きく3つの段階が必要だと著者は考えているようです。

第1段階：生産的に働く（楽に成果をあげるために見直す）

第2段階：自律的に働く（人を支配しているものをなくす）

第3段階：独創的に働く（常識や慣習に従うことをやめる）

たとえば、第1段階の「生産的に働く」で考えるべきは、仕事のやり方を見直すことで楽に成果を上げる方法。著者が「ふりかえり」と呼ぶこの時間を通じて、仕事の進め方を見直し、抜本的な問題解決と高い生産性を実現しているのです。

なお、「ふりかえり」に必要なのはホワイトボード1枚だけ。「Keep＝よかったこと」「Problem＝悪かったこと」「Try＝次に試すこと」の頭文字をとった「KPT」を基準にして「ふりかえり」を行うそうです。

具体的には、最初に「よかったこと（K）」「悪かったこと（P）」を洗い出し、起きた事象だけではなく、「そこに至った経緯」も共有。メンバー全員で意見や思いつき、悩み、困りごとを出し切って共有することで、個人の「よかったこと（K）」と「悪かったこと（P）」がチームのKとPに変わるわけです。

そして、「次に試すこと（T）」を議論します。

たとえば「2日連続で寝坊してしまった」という問題に対しては、「早起きするよう気をつける」ではなく「目覚し時計を買う」というアクションに落とし込み、問題解決できるか試すのです。

「ふりかえり」は週に一度、1時間から始めるといいそうです。大切なのは、続けること。毎週少しずつ改善すれば、試したことがうまくいかなくても、何度も修正できるからです。

本書で紹介しているアプローチは、楽に成果をあげること、自由に働くこと、他者と争わない独自のスタイルを見つけることの3つを段階的に叶えるもの。そのため、ビジネスにおけるさまざまなシチュエーションで応用できそうです。

Points

- ■生産性の高い組織は自律的で独創的
- ■独創性の高い仕事をするためには「しないこと」を決める
- ■個人のよかった／悪かったことをチームで共有

チームが自然に生まれ変わる
「らしさ」を極めるリーダーシップ

李 英俊、堀田 創 著（ダイヤモンド社）

チームが
自然に
生まれ変わる
「らしさ」を極める
リーダーシップ
EFFICACY-DRIVEN
LEADERSHIP
篠田真貴子さん推薦!!
指示しない。管理しない。
それでも「成果」がついてくる
（2021年刊行）

著者は人工知能（ＡＩ）研究で博士号を取得したのち、「シナモンＡＩ」というスタートアップを立ち上げました。その過程で「どうすれば、メンバーのモチベーションを高められるのだろうか」と悩んでいたころ、「リーダーシップ開発のプロフェッショナル」である共著者と出会ったそう。つまり本書には、両者のノウハウが凝縮されているのです。

内面から人を動かすリーダーシップとは？

「認知が変わりさえすれば、行動は自ずと変化する」という考え方に基づく本書から、『内面から人を動かす』とはどういうことか」をご紹介します。

内側から人を動かす際の原理は、**「ゴール」**と**「エフィカシー」**に集約されるそうです。人を動かす内的な刺激として真っ先に思い浮かぶのは、「楽しさ」「好奇心」「情熱」などの感情で、それらは人の行動の原動力となります。たとえば楽器を弾くのが好きな人は、他人から「弾きなさい」と強制されたり、報酬を提示されたりしなくても（外的な刺激がなくても）、自発的に楽器を弾くわけです。

とはいえ人を動かすことに関していえば、感情だけに頼ることは難しいのも事実。なぜなら感情はその場限りのものになりがちで、持続性や一貫性に欠けるからです。

　だからこそ、**人を持続的に動かすには「ゴール」が必要になるのです。**「なんとしてもこれを実現したい！」という思いがあれば人間は主体的に行動するもの。したがって、「ゴール」のデザインこそが、内因的な原理に基づいたリーダーシップの第一のポイントになるわけです。

エフィカシーは誰もが持っているもの

　さらに重要なのは、「エフィカシー（自己効力感）」です。これは「一定の行為・ゴールの達成能力に対する自己評価」であり、「自分はそれを達成できるという信念」。つまり、「やれる気がする」「やれる気しかしない」という意味です。

　著者によれば、エフィカシーは誰もが日常的に抱いているもの。たとえば、オフィスにおける「メールを出す」などの単純な作業に対して、多くの人は一定のエフィカシーを持っているはずです。そうしたタスクを「自分はできる」と信じているのです。

　ゴールに向かって行動する際には、エフィカシーが鍵を握っています。ゴールに対するエフィカシーが低ければ（「やれないかもしれない」「やりたくない」と思っているときには）、ゴールは行動の内的原理として充分に機能しないわけです。逆にゴールに対して充分なエフィカシーを感じているときは、スムーズに行動を起こせるはず。

　ちなみに、エフィカシーを利用したモチベーションコントロールに、リーダーからの働きかけは必須ではないようです。ゴール自体が行動を内側からドライブしてくれるからです。

Points

- ■自発的に動きたくなる状態づくりが大切
- ■自発的に動くカギはゴールとエフィカシー
- ■エフィカシーは本来誰もが持っているもの

ザ・チーム
日本の一番大きな問題を解く

齋藤 ウィリアム 浩幸（日経BP社）

（2012年刊行）

著者は、ロサンゼルスに生まれ、世界レベルで活躍する日系人起業家。「80年代に恩恵を受けた日本に恩返ししよう」という思いから拠点を日本に移した当時、「日本にはチームがない」という事実に気づいたのだそうです。ではそんな国に住む私たちは、これからどのようにチームをつくればいいのでしょうか？

チーム同士で競うこと

個人主義の国だといわれるアメリカは、同時にチームの国でもあるというのが著者の主張。いろいろな国から移民が集まる国だからこそ、チームの大切さを身にしみて理解しているというわけです。学校、教会、ボーイスカウトなど、チームの訓練の場も多様ですが、重要なのは「チーム同士で競うこと」。**生存競争はチーム単位となるため、たとえば募金を集めるときなどにもチーム同士で競い合うべき**だというのです。

メンバーの弱みを知ること

チームの前提条件は、お互いの弱みを知ること。なぜなら、**自分の弱みも知らない人とは、一緒に働けない**からです。

人間なら必ず弱点、欠点、短所があるものです。そして、本音でお互いの弱点や失敗談を話すことによって信頼感が生まれてもくることでしょう。そうなれば、別のミーティングで意見が対立したとしても、相手の発言の背後にあるものがわかるようになるわけです。

2つのピザを分け合える人数で構成すること

なお、2つのピザを食べられる人数、つまり**6人から8人がチームとして最適な規模**なのだそうです。そのくらいの人数ならしっかりコミュニケーションをとることができ、お互いの個性、強み、弱みをわかりあえるからです。

規模でいえば15人程度までは友人同士としてやっていけるものの、それを超えると友人以外の人が加わるようになるのだとか。

amazonのジェフ・ベゾスも同じことをいっているそうですが、これはチームづくりに際して参考にしたい考え方ではないでしょうか。

チームには助け合いとパッションが不可欠

「グループ」とは、あらかじめ決められた目標を遂行するために集められた集団です。対して「チーム」は、互いに助け合い、補いあうことで目標が達成されることをメンバーが理解しているもの。後者では自分が主体的にやろうというオーナーシップを全員が持っているからこそ、自由に意見をいい合え、衝突すらアイデアが生まれるチャンスと考えられるのです。

また、著者はチームに不可欠な要素であるパッション（情熱）の重要性を力説しています。

パッションは「パッションさえあれば、あとはなんとでもなるというくらい大切なもの」であり、「魂の入ったチームをどうやってつくり上げるかが日本復活の肝になる」というのです。

Points

- ■チームは競争の最小単位
- ■チームのメンバーはお互いの弱みを知ることが大切
- ■助け合い精神とパッションがいいチームを育てる

これからのマネジャーは邪魔をしない。

石倉秀明（フォレスト出版）

（2021年刊行）

会社はひとつのコミュニティ。文化づくりはリーダーが行う

著者はチームや組織のあり方について、「会社はルールで縛るものではなく、文化でつくる」と考えているようです。**「社内にゴミが落ちていたとき、それを拾うかどうかはルールではなく、社内の文化の問題だ」**というのです。

たとえるなら会社はひとつのコミュニティであり、自治体に近いもの。同じ自治体に住んでいても、そこに住む理由はさまざまで、生活スタイルや仕事も違います。けれども、ゴミの捨て方や公共施設の利用方法などについて、コミュニティには共通の認識があり、秩序が保たれているのです。

つまり、組織のリーダーは自治体の首長のようなものだということ。どうすれば誰もが満足でき、その地域に住みたくなるかを考える必要があるのです。

そのためには、住民に責任を果たしてもらいつつも、各人の生活を阻害しないことが重要だという考え方。

文化をつくりたければ、誰かが最初に行動を始める必要があります。だとすれば、文化をつくりたいリーダーが率先して行動すべき。文化づくりではリーダーは上に立つ人ではなく、前に立つ人であるべきなのです。

文化づくりの一例として、著者は「これからは仕事以上に『ライフ』を充実させることが重要になる」とも説いています。「ライフ」とは、仕事以外の時間を指すもの。たとえば、リモートワークなら通勤時間が不要で、平均2時間程度は時間が浮くはず。この浮いた時間をライフの充実に当てるという提言です。

実際、著者は家族の誕生日に有休をとり、「子どもを迎えにいくのでいまから抜けます」と勤怠管理チャットに投稿することがあるそうです。リーダーが普通にしていると、メンバーもそれが当たり前になる。「ライフを優先していい」ことをリーダー自身がメンバーに行動で示すことが重要だというのです。

チームをよくする責任はメンバー全員にある

著者は、「チームをよくする責任はメンバー全員にある」と社員に伝えているといいます。なぜなら、リーダーがどれだけがんばっても、各メンバーが「チームをよくしよう」としなければ、改善されないから。マンションの管理人さんがどれだけがんばっても、住人がマンションをキレイに使おうと思わなければ建物はゴミだらけになってしまいます。自分が集団の一員として責任を担っていることを忘れるべきではないのです。

個人が多様な働き方を選べるようになったいまだからこそ、時代に合わせた新たなリーダー像を一から考えてみるタイミングに差しかかっています。

本書を参考にしつつ、「リーダー、マネジャーとしての自分はこれからどう進んでいくべきなのか」を改めて考えるべきなのかもしれません。

Points

- ■組織にとって必要なのはルールではなく文化
- ■リーダーは率先して文化をつくる人
- ■メンバーには、チームをよくする責任がある

人望が集まる人の考え方

レス・ギブリン 著、弓場隆 訳
（ディスカヴァー・トゥエンティワン）

（2022年刊行）

よい人間関係のカギは自尊心

本書によると、**よい人間関係のカギは、人間の習性についてしっかり学ぶこと**。そして、相手が夫、妻、子ども、親、上司、部下、同僚、友人、知人のどれに該当しようとも、人とかかわるときは次の4つを肝に銘じる必要があるといいます。

「すべての人は程度の差こそあれ自分本位である」「すべての人は自分に最も強い関心を抱いている」「すべての人は自分が重要だと感じたがっている」「すべての人は他人に認められたいと思っている」がそれ。

つまり、**すべての人は自分の自尊心を満たしてほしいと強く思っているのです**。したがって、まずはその願望がある程度満たされることが大きな意味を持つわけです。

自尊心を満たす＝自分との関係がうまくいく

自分との関係がうまくいっていれば、他人との関係もうまくいくものです。逆に、他人との関係もうまくいっていない人は自分との関係もうまくいっておらず、自尊心が欠如しているので、自尊心を取り戻すことが唯一の解決策になるといいます。自分を少し好きになれば、他人のことも少し好きになることができるのです。

問題を抱えた多くの人を対象とした臨床心理学の研究によると、自尊心を満たしたいという思いは、空腹を満たしたいという思いと同じくらい普遍的なのだそう。身体が食料を必要としているように、自尊心は敬意と承認と満足感を必要としているというのです。

また人の行動原理は、自尊心を胃袋にたとえると説明しやすいと著者はいいます。1日3食きちんととっている人は、胃袋を満たすことを心配する必要がありません。しかし、その人が1日か2日食べられなくなると、性格に変化が表れるわけです。普段は温厚で素直な性格なのに、強情で意固地な性格に変わり、他人に対して批判的になったり。

いいかえれば、空腹で苦しんでいる人は、食べることによって自分の最大のニーズを満たさなければならないということ。他のことに意識を向けるのは、それからなのです。

同じ理屈が、自己中心的な人についてもあてはまるようです。健全で正常な性格である限り、自分を受け入れて認める必要があるということです。自尊心が満たされないと、自分のことを忘れることができない。ただし、いったん自尊心が満たされれば、自分のことを忘れて他人のニーズに意識を向けることができるというわけです。

著者は、人間関係のエキスパートとして知られるアメリカの心理カウンセラー。人望とはなにかを再確認するためにも、読んでおきたい一冊です。

Points

- ■よい人間関係づくりのためには、自尊心を満たすことが必要
- ■自尊心を満たす＝自分とうまくいく
- ■自己中心的な人は自尊心が満たされていない状態

1年で成果を出すP&G式 10の習慣

杉浦莉起（祥伝社黄金文庫）

（2018年刊行）

著者は、ＬＶＭＨ（モエ ヘネシー・ルイ ヴィトン）ジャパンや、老舗ハイジュエリーブランドのマネージャーを務めた経歴の持ち主。

そののちＰ＆Ｇのマーケティング部に乗り込んだとき、同社に圧倒的な「成功の法則」が存在することに気づいたのだそうです。それがあるからこそ、経験のない新入社員でさえすぐにリーダーとして活躍し、1年で成果を出せるのだと。

では、その法則とは、どんなものなのでしょうか？　第2章の「リーダーシップは『影響』と考える」をクローズアップしてみましょう。

リーダーの行動指針

ここでいうリーダーシップとは、「影響力」を指し、**リーダーとは「影響力をもつ人」**のこと。そんなＰ＆Ｇが定義する「リーダーシップの行動指針」とは、次のとおり。

1. Envision（エンビジョン）：未来を描く

未来を創造し、（自分たちに有利に）〝ゲームを変える〟こと。

「常に、もっとよくできるであろうことを探しているか？」というところから「理想」の状態をイメージしてみれば、未来をつくる糸口が見つかるという考え方です。

2. Engage（エンゲージ）：コラボレーションする

社内外・縦横の部署間や組織を超えてコラボレーションすること。「真に仕事を完遂するためには、周囲にいる人たちをうまく巻き込まなければいけない」という、P&Gのコンセプトに基づいた考え方です。

3. Energize（エナジャイズ）：やる気を出す

ビジョンを実現するために、リソース（資源・資産）や人を活性化させること。

4. Enable（エネイブル）：パフォーマンスを上げる

強みを活かして妨害を取り除き、成功の確度を上げること。

〝強み〟とは、「繰り返しできる」「ハッピーにできる」「成果を出せる」能力や行動。パフォーマンスとは、その強みから妨害（不安や恐れ、スキルやリソースの欠如、ビジョンや目的の不在など）を引いた結果。そして「できる」と認めてもらうには、実際の成果を出すことが必要。だから**部下や後輩には、「できるようにする」サポートをすることが必要**だといいます。

5. Execute（エグゼキュート）：最大効果の実践をする

最大の効果を生む実践のための、プランやシステムづくり。

これらのリーダーシップを発揮した結果、著者のチームは3カ月後には存在感を高め、1年後には9倍の予算を獲得できたそうです。それこそがP&Gの習慣のなせる業なのでしょう。

Points

- ■P&Gのリーダーシップがわかる
- ■リーダーとは「影響力をもつ」人
- ■部下や後輩には「できるように」サポートする

これだけは知っておきたい
「敬語」の基本と常識

株式会社ザ・アール
（フォレスト出版）

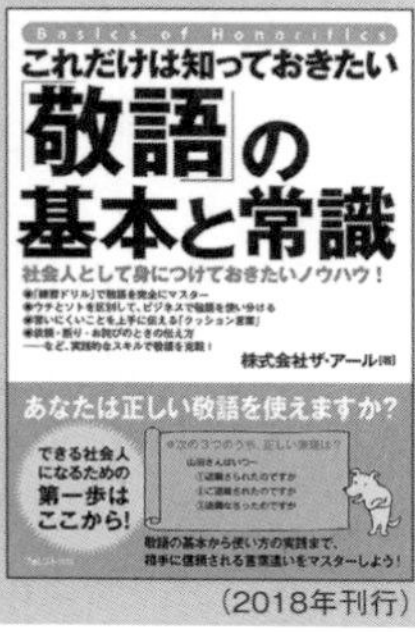

（2018年刊行）

コミュニケーションにおける敬語の役割は、単に「目上の人を立てる」ことだけではありません。「改まったフォーマルな感じを出す」「他人に対して心理的な距離をとる」「上下関係を示す」などの役割もあるからです。また、日本語を正しく効果的に使ううえで、敬語は避けては通れないものでもあります。

逆にいえば、敬語をマスターすればことば遣いに関する不安の大半は解消できるということ。そんな考え方に基づく本書は、「きちんと自分の頭で考えて、その場に合ったことば遣いが組み立てられる」敬語レベルを目指した内容になっています。

敬語の仕組みとして押さえておくべきは、**「敬語の向き」が2つあること**だそう。ひとつは、「話の登場人物」に対して敬意を示すもの。そしてもうひとつは、「目の前の相手（話の聞き手）」に対して敬意を示すものです。

たとえば、「これから山田社長がいらっしゃいます」ということばでは、「山田社長」「いらっしゃる」という部分に含まれているのが「話の登場人物」である山田社長への敬意。山田社長を高める尊敬語が使われているわけです。

対して、「いらっしゃいます」の文末の「ます」が意味するのは山田社長ではなく、「目の前の相手（話の聞き手）」への直接の敬意。丁寧語を使わず「山田社長がいらっしゃるわよ」となると、対等（もしくは相手が目下）か親しい間柄の話し方になるのです。

つまり、尊敬語（相手を立てる）と謙譲語（自分側を下げる、へりくだる）が「話題の人物に対する敬語」にあたり、丁寧語が「聞き手に対する敬語」にあたるということ。

「尊敬語」「謙譲語」「丁寧語」の3種が敬語の基本ですが、文化庁が2007年に発表した「敬語の指針」では、**敬語は①尊敬語、②謙譲語Ⅰ、③謙譲語Ⅱ、④丁寧語、⑤美化語の5つに分類**されています。なかでも、**謙譲語は2種類**あります。

たとえば、「明日伺います」と「明日参ります」の「伺う」「参る」はどちらも「行く」の謙譲語。「伺う（謙譲語Ⅰ）」は、立てるべき人のところへ行くときにだけ使われます。「行く先」の人物に敬意が向かうわけで、「御社に伺います」「山田先生のご自宅に伺いました」のように使うわけです。

一方、「参る（謙譲語Ⅱ）」は「行く先」に敬意は向かいません。自宅やディズニーランドなど、どこへ行くときでも使えるのです。謙譲語Ⅰは相手を高めますが、謙譲語Ⅱは行為を丁寧に表現するだけなので特定の人への敬意はないということ。

本書ではこのような、「相手や状況に応じたことばの選び方」「依頼・断り・お詫びのていねいな伝え方」「ビジネスシーンに応じた敬語表現」などがわかりやすく解説されています。練習ドリルも豊富に用意されているため、敬語の基本を無理なく身につけることができるはずです。

Points

- 敬語の向きが2つあることに注意
- 謙譲語も2種類ある
- 誰を立てるべきかを考える

どこへ行っても恥をかかない
世界の「常識」図鑑

御手洗 昭治 編著、小笠原 はるの 著
（総合法令出版）

（2021年刊行）

外国人とのカルチャーギャップは、グローバルビジネスにおいては大きな課題。価値観の違いは、日本人同士であってもトラブルにつながりがちなのですから、「常識」を共有していない外国人との商談やプロジェクトであればなおさらです。とはいえ、外国の「常識」を知ることはなかなか難しいものでもあります。

そこで本書では、異文化コミュニケーションに役立つ世界の142種もの「常識」をピックアップして紹介しているのです。

結ぶネクタイにも決まりがあるイギリス

イギリスでは、組織ごとにレジメンタルタイ（斜めのストライプ柄のネクタイ）の柄が指定されています。たとえば、紺・赤・黄の斜めストライプは、英国海兵隊、黒字に黄色の斜めストライプはオックスフォード大学のネクタイです。その点をわきまえておかないと、場合によっては学歴を誤解されかねません。イギリスでレジメンタルタイを締める際には、事前に調べておく必要がありそうです。

自己紹介は名刺の前が一般的

日本では、名刺交換のあとに自己紹介をするのが一般的。ところが国際的には、握手と自己紹介のあとで名刺交換をするのだそうです。また中国やシンガポールなどでは、両手で名刺を渡すのがマナーですが、欧米では片手で渡すスタイルなので、両手で渡すと儀式ばった印象を与えてしまうのだとか。他方、ヒンドゥー圏とイスラム圏では、名刺は右手で渡すようです。

時間が伸びる国もある？

インドネシアやフィリピンなどの東南アジアでは、時間はゴムのように伸びたり縮んだりするものとみなされています。そのため、正確に時間を守ることはあまりないのだそう。たとえば、「明日もお会いしましょう」と約束したインドネシア人が、翌日になってもいっこうに現れないということは珍しくないこと。それはインドネシア人の多くが、「明日」＝「翌日から死ぬまでの時間」と捉えているためなのです。

ラテン・アメリカでも、たいていの人は時間に対しておおらかに生活しているようです。遅刻も日常茶飯事で、とくに言い訳もしないのが普通。そこで、遅れてほしくない場合には集合時刻を30分ほど早くしたり、「時間厳守」を明記したりしましょうと著者は提案しています。

異文化を学ぶことは、外国人とのコミュニケーションを円滑にするだけでなく、人生を豊かにすることにもつながります。外国の文化を自国のそれと比較することで、視野が大きく広がっていくのです。「コミュニケーション」「ジェスチャー」「マナー」「ルール・儀式」などカテゴリーも多種多様な本書は、いろいろな文化と接するうえで、きっと役立ってくれるはずです。

Points

- ■異文化を知ることがグローバルビジネスには必須
- ■日本の常識が世界の常識と異なることも
- ■国によって「時間」の概念もさまざま

「一流の存在感」がある女性の
振る舞いのルール
丸山 ゆ利絵（日本実業出版社）

（2019年刊行）

著者は日本初のプレゼンスコンサルタント。数千人の財界人との交流を通じて、一流を目指す人に求められる立ち居振る舞いを体系化した人物です。本書においても、女性が「自分の魅力」を最高に引き出すテクニックを紹介しています。

たとえば、もし「軽く見られてしまう」「自分に自信が持てない」「ワンランク上のステージに進みたい」という悩み、課題を感じているなら、本書で紹介されている「エグゼクティブ・プレゼンス（社会的な地位、職位や社格、専門性にふさわしい存在感）」が役に立つかもしれません。

エグゼクティブ・プレゼンスとはなにか？

「エグゼクティブ・プレゼンス」のある人には、「立場にふさわしく堂々とした態度が身についている」「装いや身だしなみが確かである」などの共通項があるもの。それゆえに、第一印象で人から期待や信頼を持たれ、敬意を払われるのです。商談でもプレゼンでも「心理的優位性」を得やすくなり、人が人に対して感じる無意識の評価をあげる役割を果たすわけです。

「エグゼクティブ・プレゼンス」は、大きく分けると「印象コントロール」「コミュニケー

ション」「自己設計」で構成されます。

「自己設計」とは、自分という存在をよく知り、「与えたい印象」をしっかり認識すること。それが明確になれば、自分の見え方や見せ方を踏まえて服を選ぶなど、「印象コントロール」しやすくなり、「コミュニケーション」についても、自分の影響力を踏まえて冷静に効果的な手段を選ぶことができるのです。

服装で悩むのは男性も女性も同じですが、男性には「ビジネススーツ」という確立された服装があります。対して女性の場合、一般的な既製服店では「ファッショナブルなカジュアル服」か「リクルート的な無難ビジネス服」しか見つかりません。そのため、なにかアイテムを手に入れようとすれば、それを求める女性自身にもビジョンが求められることになります。

これは服装にかぎりません。**女性が実際の能力、役割や立場、責任に見合った「見え方・見せ方」を選ぶためには、戦略的に「見え方」を考えるしたたかさが必要なのです。**

しなやかさとしたたかさを体現する

著者は、日本の女性は「しなやかさ」と同時に、柔軟な姿勢を崩さないまま勝負や戦いに身構えられる「したたかさ」を潜在的に持ち合わせているといいます。しかし、「見え方・見せ方」を「しなやかに・したたかに」コントロールできている人は少ないと感じるのだそう。そこをコントロールする意識こそ、日本人の女性エグゼクティブが磨くべきものなのでしょう。

Points

- ■自分に自信を持ちたいならエグゼクティブ・プレゼンスが重要
- ■「印象コントロール」「コミュニケーション」「自己設計」を見なおす
- ■見え方・見せ方をしなやかに、したたかにコントロールする

■コミュニケーション本に求められるものは……

コミュニケーションをテーマにした書籍は、いつの時代にも一定したニーズがあるように感じます。しかし前述したように、自分と相手は違って当然。そう考えれば、「本来わかり合えない人と人」の関係性について普遍的なニーズがあるのは当たり前のことだといえます。

なぜならそれが組織内である以上、「本来わかり合えない」相手ともなんとか共存しなくてはいけないのですから。だとすれば、「どこまで自分を貫くか」「どこで引くべきか」といったバランスの取り方を知っておく必要があります。だから、多くの方がその答えをコミュニケーション本のなかから探し出そうとするのかもしれません。

なお、コミュニケーション関連書籍に関していうと、今後さらに増えそうだなと感じているのは「年下上司」や「年上部下」など、年齢差の問題を扱ったものです。もちろん、この点に踏み込んだものはこれまでにも存在していますが、多様性がより広く認知されるようになった時代であるからこそ、さらに踏み込んだアプローチが求められているように思えるからです。また純粋に、性差の問題をも含め、そういったテーマが普通のこととして扱われる世界のほうがいいなと感じてもいます。

たしかに、円滑なコミュニケーションを実現するのは簡単なことではないでしょう。しかし組織で生きていく以上、なんらかの形でコミュニケーションをとっていかなければなりません。ですから大切なのは、ネガティブになったりあきらめモードになったりせず、「少しでもストレスのない手段」を見つけることなのではないでしょうか？「印南敦史の毎日書評」も、そのための手助けになればいいなと思っています。

lifehackerの視点

変わる組織の形と変わらないコミュニケーション

「毎日書評」が始まった10年前と比べ、社会はずいぶん変わりました。ライフハッカーでもさまざまなビジネスパーソンにインタビューをしますが、クリエイティブで柔軟、才能あふれる若手に出会うたびに、今まではいなかったようなタイプだなあ、などと驚かされます。

DX（デジタルトランスフォーメーション）が進み、働き方も変わった。働き方改革がすっかり行きわたったようにも見えますし、職場に多様性も求められるようになった。リモートワークも副業も当たり前になり、社会人に求められる常識も変わりつつありますが、変わらないのは……そう、コミュニケーション。

オンラインのコミュニケーションが増えても、コミュニケーションそれ自体の必要性は減りませんでした。組織にとっても、個人にとっても人間関係はキーになってくる。そういう意味で、ライフハッカーにとっても「毎日書評」にとっても、コミュニケーションは普遍的なテーマです。

第3章

数字力がどんどん高まる 1テーマ3冊

数字力を高めるスキルとは？

ビジネスパーソンには多少なりとも、数字が読めることや、数字力を発揮する能力が求められます。そこで過去の書評を再確認し、本書では数字力を「ファイナンス」「仕事の数字」「会計力」「マネーリテラシー」「お金の教養」の5テーマで構成しました。

ただし「印南敦史の毎日書評」では、〝お金〟関連書籍をあまり積極的に扱ってはきませんでした。とりわけ株やＦＸ、暗号資産などの投資関連書籍はほとんどご紹介していません。ＦＸなどはリスクも大きく、この連載の根本をなす「ビジネスパーソンに必要な仕事の知識、スキル」とは乖離した部分があるからです。もちろん、ＦＸを肯定する異論もあるかもしれません。しかし少なくとも、ここで扱うべきではないと僕は考えているのです。貯蓄や株式投資にしても、仕事というより個人としての活動であるため、それらも意識的に外してきました。

ところで〝ビジネスに直結したお金の話〟といえば、副業など「仕事でお金を稼ぐ」というようなテーマを思いつきます。「ファイナンス」「マネーリテラシー」「お金の基礎知識」としてご紹介しているのは、そういった書籍。具体的には、ビジネスパーソンが生きていくうえで知っておきたいお金の稼ぎ方、増やし方、管理の仕方などに焦点を当てているのです。

一方、ビジネスパーソンに必要な数字力としては、必要な経費を試算するための「数字を読む」力や、決算書等を読み解くために必要な会計の知識なども求められるはず。そこで、そういった「仕事にまつわる数字の本」も扱っています。

お金に関する書籍を選ぶ基準も人それぞれですが、ビジネスパーソンのために選書する際、僕は「自分ごと」としての視点を大切にしています。扇情的な文言に左右されては失敗にもつながりやすいので、「この考え方は、本当に安全なのか？」ということを大きな基準にしているのです。

らくがきファイナンス
人生で損しない選択をするためのお金の知識

ティナ・ヘイ 著、川添節子 訳
（翔泳社）

（2021年刊行）

お金についてよりよい判断ができるようになる

著者は紙ナプキンに描いたイラストで金融知識を学ぶウェブサイト「Napkin Finance」の創設者でありCEO。お金や金融の知識について自信を持てるように、わかりやすく説明する教育プラットフォームを提供している人物です。

「適切な教材やツールがあれば、誰でもお金のことについてよりよい判断ができるようになる」

こうした信念に基づいて書かれた本書では、貯蓄、株式、起業の仕方、インフレ、ブロックチェーン、財務諸表、ゲーム理論など広範なトピックスをイラストと文章によって解説しています。なお、55のトピックスのなかには「72の法則」や「慈善活動」なども含まれます。ここでは、その2つをクローズアップしてみましょう。

72の法則とは、「ある金利で元本がどのくらいの期間で2倍になるか」を簡易的に計算する方法で、72を年利で割るだけ。たとえば、年利10％なら約7・2年で元本が2倍になるわけです。「72÷10（年利）＝7・2」が計算式。年利2％なら「72÷2＝36」で元本が2倍になるまでに約36年かかることになります。このように、**72の法則を使えば、元本がどのくらいの期間で2倍に増えるか簡単にわかるのです。**現実の世界では利率が変動しますが、大まかにすぐに計算できるのがこの法則のメリット。

この法則を見つけたのはアインシュタインだといわれることが多いのですが、本当はイタリアの数学者ルカ・パチョーリが１４００年代後半に発見したようです。

ちなみにパチョーリは、近代会計学の父ともいわれる人物。「72の法則を知っていれば貯金が増える。ドーナツを食べれば皮下脂肪が増える」とは著者のことば。

慈善活動を行なうときのポイントは？

お金を貯めるのは大事ですが、慈善活動で徳を積むこともお忘れなく。著者によれば、慈善活動とは「恩返し」。お金でもモノでも時間でも、自分が持っているものを、助けを必要としている人に贈ることなのです。

慈善活動を通じて人を助けたいなら、その方法は多種多様。「自分の近くにいる困っている人を助ける」「オンラインで寄付をする」「非営利団体の活動に協力する」「投資先は社会や地球に貢献している企業を選ぶ」など選択肢は豊富です。

慈善活動をするときの視点としては、「人権」「教育」「環境」「健康」「貧困」など、**特定の問題に取り組んでいる団体を支援することが大切。**また、自分の支援をどこまで届けたいかという視点で考えることも可能だといいます。

Points

- ■お金についてよりよい判断をできる知識が身につく
- ■72を年利で割ると、元金が2倍になるまでの期間がわかる
- ■お金を貯めつつ慈善活動で徳を積む

お金のなる木を育てなさい
世界一やさしい副業・投資の始め方

小林昌裕（朝日新聞出版）

（2022年刊行）

「お金のなる木」＝投資・副業

お金に関するなんらかの不安を抱えているなら、まず「お金のなる木の苗」を買うべき。本書の著者はそう主張しています。ここでいう「お金のなる木」とは、投資・副業のこと。著者もお金のなる木を20本以上育てている投資家ですが、もともとはお金の不安に追い詰められた普通のサラリーマンだったのだとか。そこで本書では、実体験をもとにしたお金の増やし方を明かしているのです。

副業を始めた場合、最初はうまくいったとしても「だいたいどこかでつまずく」のだといいます。しかし大切なのは、最初のつまずき。「あ、やっぱりだめだ」と逃げるべきではないのです。それは、会社員にとっての本業にもあてはまるはず。任された大きなプロジェクトが絶好調だったとしても、そこにたどりつくまでには、なんらかの〝越えるべき壁〟があったに違いありません。**副業も本業も、最初からうまくいくはずはないのです**。ですから、最初からはうまくいくことを目指さないのが最大のポイントだということ。そうすれば、うまくいかなかったときに落ち込むことがなくなるからです。

副業は再現性があるかどうかが大切

「どこで副業について習うのがよいですか?」と相談されたとき、著者は一貫して、「その人だけにできる特殊なことではなく、誰にでも再現できる手法を学びましょう」と伝えているのだそうです。どんな業界でも、天才的に仕事をこなせる人はほんのひと握り。ですから「うさぎとかめ」のかめのように、コツコツとひとつずつ学んで、成功している人からやり方を聞き、再現していくことを重要視すべきだということです。

また基本的には、成功している人がトライアンドエラーを繰り返すことでたどり着いた「再現性のある手法」を学び、そのうえで自分のやり方を育てていくほうが圧倒的に成功しやすいようです。

さらには、そうした**「うまくいく再現性の高い方法」もたくさんあることを覚えておくべき。**「誰かのうまくいった方法」を鵜呑みにして真似するのではなく、「これならうまくいくよ」といわれたから真似るのでもなく、「この方法なら自分にもできて、しっくりきて、再現性がある」と思える方法を自分で選択することが大切だという考え方です。

ただし、その〝選択の仕方〟は失敗を繰り返しながら身についていくもの。そのため、選択ミスについて自分を責めたり、落ち込んだりする必要は一切なし。自分に合ったやり方で、自分がやりたいと思えたことを、自分のペースで続けることができれば、ほとんどのことは実現できるのです。

Points

- ■お金に関する不安にはお金のなる木＝投資・副業が有効
- ■最初からうまくいく副業はないと知っておく
- ■うまくいく再現性の高い方法をたくさん集める

お金が勝手に貯まってしまう

最高の家計

岩崎淳子（ダイヤモンド社）

（2018年刊行）

米カリフォルニア州在住の、米国公認会計士、パーソナル・ファイナンシャル・スペシャリスト（CPA／PFS）による家計術。著者によれば、家計の問題は計算上の損得だけで解決できるものではなく、ものの考え方や文化にも影響されるそう。そこで本書では、日米両方の文化と家計に接してきたファイナンシャル・プランナーならではの視点を盛り込んでいるわけです。

では、家計システムを構築するときは、なにをすればいいのでしょうか？　ここでは純粋な疑問に答えてくれているChapter6「まだここが気になる！　最高の家計Q&A」から、誰もが一度は感じる疑問についての著者の見解をご紹介したいと思います。

投資なんて…結局ギャンブルですよね？

「株なんてギャンブルだ」と思ったことがある人も多いはず。著者もそれを認めてはいます。なぜなら結局のところ、ギャンブルであるかないかは、その人のスタンス次第だから。つまり**イチかバチかで株に〝賭けて〟いるのであれば、その人がやっているのはギャンブルだということになる**わけです。

なお、このことを理解してもらう際に著者がまず伝えているのは、「ギャンブル」「投機」

「投資」という3つのことばの違いだそう。

「ギャンブル」「投機」「投資」の違い

まず競馬やパチンコ、カジノなどのギャンブルは、必ず胴元がいるもの。**最終的には胴元に利益が出るように（賭け手が必ず損をするように）確率計算がなされているのがギャンブルの仕組み**だということです（期待値マイナス）。

これに対して、**一定のリスクは取りつつも、長期的にはプラスの利回りを出していくことが前提になっているのが投資**（期待値プラス）。

そして、そんなギャンブルと投資の中間に位置するのが投機。**投機は売り手と買い手の勝負であり、市場には勝った分だけの負けが存在するゼロサムゲーム**だということです（期待値ゼロ）。

たとえば本書では「インデックス投信」の自動積立が紹介されているのですが、これは短期的な下落があっても、長期的にはプラスへの平均回帰が起こり、一定の利益を手堅く稼いでいく手法なのだそうです。

このように「なにもしない&平均狙い」のインデックス投信は、「期待値マイナス」のギャンブルとは違い、「平均以上」をがんばって狙おうとする投機とも区別されるというのが著者の考え方です。

専業主婦からファイナンシャル・プランナーになったという経歴があるだけに、主婦と専門家の2つの視点を持っていることが著者の強み。地に足がついた考え方ができるわけで、だからこそ本書の主張には説得力が備わっているのです。

Points

- ■ギャンブルは賭け手が必ず損をする
- ■投資は長期的にはプラスの利回りが期待できる
- ■投機は誰かが勝った分だけ負けが存在する

入社１年目からの数字の使い方

深沢 真太郎（日本実業出版社）

（2018年刊行）

ビジネスに必要な数字は2種類しかない

著者によれば、ビジネスパーソンが仕事で使う数字は2種類しかないそう。ひとつは「実数」、もうひとつは2つの実数をくらべて良否を表す「割合（%）」です。

たとえば「１００円」「３人」「90分」といった数字が実数であり、いってみれば、実態そのものを表現する「リアルな数字」。一方、割合は「前年比」「男女比」「顧客満足度」など、パーセントで表す数字です。「よい・悪い」「すごい・すごくない」といった「質」を表現する際に、「割合（%）」が使われるともいえます。

割合の求め方は「割合（%）＝比べる数字÷もとの数字×１００」。前年度の売上高が３００万円、今年度の売上高が３３０万円ならば前年比は１１０%です（３３０÷３００×１００＝１１０）。

ちなみに、著者は「３００万円が３３０万円に増えた」ことをうっかり「対前年増加率１１０%」と表現してしまうビジネスパーソンを何度か見たことがあるそうです。しかし、「増加率」は「増加した分がもとの数字の何%か」を表現する数字。この例だと、増加したのは30万円であり、これは３００万円のちょうど10%。よって「対前年増加率10%」が正解です。

このように、割合（%）という数字は案外クセ者なのです。だからこそ割合（%）のポイントを必ず押さえておくべき。

割合を判断するときも実数を見る

次に、**「割合の裏には必ず2つの実数がある」**ことについて。

たとえば、「顧客満足度80%」という数字があったとします。しかし、これだけで「すごいね」と解釈するのは危険。なぜなら、その裏にある2つの実数の存在を無視した状態で解釈しているからです。

また、「A：ごく一般的な顧客をランダムに5名選んで調査した結果、4名が満足と答えた」と「B：超優良顧客1000人に調査した結果、800人が満足と答えた」という調査があったとします。どちらも顧客満足度は80%ですが、Aはたった5人しか調査していません。Bは超優良顧客なので、逆に20%が満足と答えていないという事実のほうが重要だともいえるはず。「顧客満足度80%」という数字だけで「すごいね」とは評価できないわけです。

割合（%）を使って「よい・悪い」「すごい・すごくない」といった「質」を読み解くときには、必ず「もとの数字」がなんなのかを把握することが重要なのです。そして、「その割合（%）の分母（もとの数字）はなんですか?」と、「もとの数字」に対する疑問を持つべきだということです。

Points

- ビジネスでは実数と割合が大切
- 割合の求め方は「割合（%）＝比べる数字÷もとの数字×100」
- 割合で質を判断するときにはもとの数字を確認する

数値化の鬼
「仕事ができる人」に共通する、たった1つの思考法

安藤広大（ダイヤモンド社）

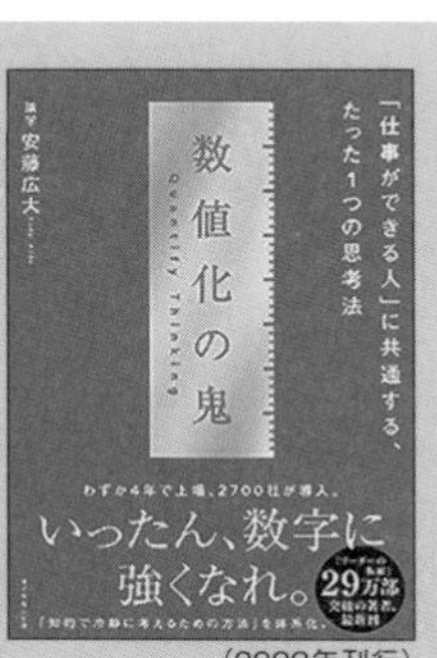

（2022年刊行）

ビジネスに数字はついて回るものであり、数字に向き合わずに成長することは不可能。だからこそ、**できるだけ若く、柔軟な考え方ができるうちに「数値化」のスキルを身につけておかなければなりません。**

1日の行動を分解して数値化する

そこで著者は、「自分の1日の行動を数字で考えること」をすすめています。ゴールを漠然と目指している状態だと中だるみしてしまうため、それを防ぐために**大きな目標を「1日ごと」に分解するべき**だというのです。

それは「PDCA」という有名なフレームワークを使って説明することができるそう。

P（計画）は「400ページの本を読み切る」。

D（行動）は「1日20ページずつを読む」。

C（評価）は「1日の終わりに、読んだページ数を確認する」。

A（改善）は「明日はどうやって20ページを読むかを決める」（79ページより）。

このように、数値化を受け入れて不足を満たすことと、「PDCA」を考えることには共通する部分があるわけです。

計画をいちばん重要視する

ちなみに、著者の会社が提唱している識学（組織内の誤解や

錯覚がどのように発生し、どうすれば解決できるか、その方法を明らかにする学問）においてはこのうちの「P（計画）」に時間をかけないことが重要だそうです。

人間は、「計画を立てるとき」にもっともテンションが上がるもの。たとえば旅行の予定を考えたり、お小遣いの使い道を考えるなど、まだなにも実行していないときは気持ちだけが高揚するのです。しかし、そこには「計画を立てるだけで安心してしまう」という落とし穴があります。

ある商品を週に50個売ることを「P（計画）」としたとしましょう。そのとき重要な意味を持つのが、日常的な数値化。最初の週に40個しか売れず、10個が売れ残ったことを数値化すれば、「店頭での見せ方が悪かったのかもしれない」など問題点が見えてくるはずです。消費者の行動が変わったり、他の商品に人が流れていたりなど、原因を探ることもできます。

一方、すぐに動かずに問題を放置しておくと、大きな機会損失を生んでしまうことになるかもしれません。そうならないためには1日の売上を数値化し、週の目標の数字を把握しておく必要があるわけです。もちろんこれはひとつの例に過ぎませんが、こうしたところに「数値化」の意義があるということです。

プレーヤーであってもマネジャーであっても、まずは「数字で評価される人」になってほしいと著者は訴えています。参考にしてみてはいかがでしょうか？

Points

- 数値化のスキルはできるだけ若いうちに身につける
- まずはPDCAフレームを使って1日を数値化する
- P（計画）に時間をかける

統計学が最強の学問である

西内 啓（ダイヤモンド社）

（2013年刊行）

データをビジネスに使うための「3つの問い」

データ分析において重要なのは、「果たしてその解析はかけたコスト以上の利益を自社にもたらすような判断につながるのだろうか？」という視点だと著者はいいます。

キレイな集計グラフをつくることのみを生業にしているようなコンサルタントなどから「解析結果」を見せられると、「なんとなく現状を把握した気になる」かもしれません。しかし**大切なのは、「ビジネスにおける具体的な行動につながる」ということ**。だからこそ、具体的な行動を引き出すためには、次の「3つの問い」に答えなければならないというのです。

①なにかの要因が変化すれば利益は向上するのか？
②そうした変化を起こすような行動は実際に可能なのか？
③変化を起こす行動が可能だとして、そのコストは利益を上回るのか？

見通しは、この3点に答えられてはじめて立つもので、ブランディング調査の結果を示す美しいグラフからは現実的に答えを引き出すことはできないわけです。

データ解析の目的は購買に結びつけること

ビジネスにおけるデータ解析

で大切なのは、「いかにそれを購買に結びつけるか」ということ。キャンペーンを行って、その認知率を日本全体のランダムサンプルから正確に測定したとしても、実際に購買というアクションにつながらなければなんの意味もないのです。

また「延べ視聴者数」「キャンペーンサイトのアクセス数」「好感度」など多くのプロモーション評価に用いられる指標も、売上につながるかどうかよくわからないまま使われているといいます。そしてこれらの問題をクリアするためには、「充分なデータ」をもとに「適切な比較」を行うという統計学的因果推論の基礎を身につけることが重要だというのです。

ポイントは、「データのとり方を工夫する」こと。そしてそのために有効なのが「ランダム化比較実験」。それは、「人間の制御しうる何物についても、その因果関係を分析できる」のだそうです。

なお著者は、ランダム化比較実験の大切さに関連し、イギリスで行われた最初のランダム化比較実験のエピソードを紹介しています。

またもうひとつ大切なのは、こうした方法論をビジネスに取り入れれば、「なんとなく現状を把握した気になる」という曖昧さとは異なる効果を生み出せるということだといいます。

ほかにも、統計学をビジネスに取り入れるためのヒントになりそうなエピソードがたくさん詰まっているだけに、とても実用性の高い一冊です。

Points

- ■データ分析で大切なのは「具体的な行動」につながること
- ■具体的な行動につながるかどうかは「3つの問い」で確かめる
- ■ランダム化比較実験でデータを購買につなげる

会計と決算書がパズルを解くようにわかる本

戸村涼子（日本実業出版社）

（2018年刊行）

会計と財務の違い、知っていますか?

「会計」「決算書」に苦手意識を持つ人たちの役に立ちたいという視点で書かれたのが本書。著者はここで、「会計」や「決算書」は決して難しくない、と主張しています。

会社の数字には、大きく分けて「会計（アカウンティング）」と「財務（ファイナンス）」があります。「会計」の目的は、会社の状態を把握して外部に報告すること、そして、その数字を意思決定に活かすことです。つまり**数字をもとに、儲かっているのか、どのくらいの資産を持っているのかを把握・報告し、今後の経営戦略を考えてい**くためのものなのです。

一方の「財務」は、「資金」に特化した分野。会社の資金調達や資金運用をして、企業としての価値を高めることを目的としています。

「会計」のおもな視点が「経営者や従業員が会社の数字をどう報告・活用していくか」であるのに対し、「財務」では資金提供をしている投資家が会社をどう評価するかがおもな視点となっているわけです。

決算書と簿記が会計のもとになる

「会計」には、「財務会計」と

「管理会計」があり、そのもとになるのが会社の「決算書」と、決算書をつくるための「簿記」です。会計は、**「数字をつくる（簿記）」「数字を読む（決算書）」「数字を報告する（財務会計）」「数字を活かす（管理会計）」の4つに分けられます。**

「数字をつくる（簿記）」とは、会社の数字の集大成である「決算書」をつくるスキル。会社の取引をひとつひとつ仕訳して、一定のルールに従いながら「決算書」を作成していくのです。

「数字を読む（決算書）」とは、簿記でつくった決算書を読むスキルです。決算書を構成する「損益計算書」「貸借対照表」「キャッシュフロー計算書」の3つを読み解き、会社の「儲け」や「資産」の状態を分析します。

「数字を報告する（財務会計）」とは、法律に従い、株主や銀行などの利害関係者に数字を報告するスキル。株主への報告は決算速報である「決算短信」や「有価証券報告書」を作成することが該当します。

「数字を活かす（管理会計）」とは、「決算書」をもとに会社の意思決定をするスキルです。たとえば、会社の部門ごとの儲けの把握、事業計画書の作成などがあてはまります。

ここでご紹介したことばの多くは、経理以外のビジネスパーソンにはなじみが薄いかもしれません。しかし、これらの「数字を活かす」スキルがあれば、会社の数字を読み解くことができるようになるはず。

これらはほんの一部にすぎませんが、「会計」や「決算書」についての知識を深めたい方には、必読の書といえそうです。

Points

- 会計と財務、簿記と決算書などの役割、仕組みがわかる
- 会社の数字を構成するのは会計と財務
- 簿記や決算書は会計のもとになる

会計の基本と儲け方は ラーメン屋が教えてくれる

石動 龍（日本実業出版社）

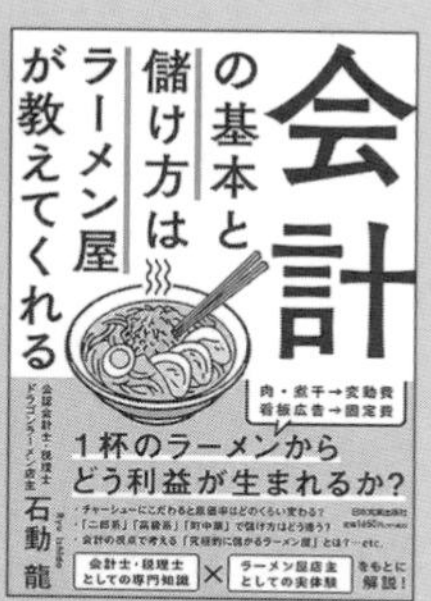

（2022年刊行）

士業＋ラーメン屋店主、だからこそ語れる会計知識

著者は２０２０年に地元で「ドラゴンラーメン」というラーメン店を開業した公認会計士、税理士、司法書士、行政書士。そして本書は、その経験を交えつつ、商売で「儲ける」ために必要な「会計」の知識を、わかりやすく解説したものです。ここでは、会計的に見た「二郎系」のおもしろさをご紹介したいと思います。

「二郎系」のようなメガ盛りラーメン店の場合、一般的にスープは大量の豚骨、背脂、焼豚用の豚肉を煮込んでつくられます。使う材料の量が旨味に直結するため、豚骨も背脂も大量に使用。店によって異なるものの、8時間以上煮ることも珍しくないのだとか。

ところで、二郎系といえばなんといってもすごいのがボリューム。小サイズでも一般的なラーメンの特盛以上に相当し、大サイズは2杯分以上の量。トッピングの野菜、背脂も好みに合わせて増量でき、チャーシューは厚さ5センチ以上の肉塊がどーんとのっている状態です。

価格は高くても１０００円程度。１日分の食事をまかなえるほどの量なので、コストパフォーマンスは非常に高いといえます。

なにしろボリュームのあるラ

ーメンですから、1杯に使う材料は一般的なお店よりも多くなります。小サイズでも、麺は300グラム前後になることが普通のようです。麺やチャーシューにコストをかける二郎系のラーメンは原価率が高くなりがちで、40%前後になることも多いといわれているそう。店によって条件はそれぞれ違うため一概にはいえないものの、原価がかかるラーメンであることは間違いありません。

リピーターとロットで回転率を管理し原価をカバー

　また、行列ができることを計算に入れて、一定のペースで次々ラーメンをつくる店もあります。その場合、座っている客が次のラーメンを出すまでに食べ終わることが前提であるため、ゆっくり食べる人がいた場合は席が空かず、次のラーメンを出せません。これを「ロット乱し」と呼び、一部の行列が途切れない店では、好ましくないこととされているようです。

　このように二郎系は新規客のハードルが高く、リピーターが来客の大半を占めているという特徴があるのです。著者によればこれはたいへんよくできたビジネスモデルで、回転率を高く保つために、原価率が高くても利益が残る仕組みになっているのだそうです。

　「『数字』と聞くと、苦手意識を持ってしまう人もいるかもしれません。しかし、少し勉強するだけで、仕事で十分役に立つ知識を得られます」と著者が太鼓判を押しているように、難しく考えることなく、ラーメンを通じて会計やお金に興味を持てるようになるはずです。

Points

- ■ラーメン屋さんの経営にも会計知識が潜んでいる
- ■消費者にとっての高コスパは経営者にとっての原価高
- ■原価率の高さを回転率でカバーする

「お金の流れ」がたった1つの図法で
ぜんぶわかる
会計の地図

近藤哲朗、沖山 誠 著、岩谷誠治 監修
（ダイヤモンド社）

（2021年刊行）

著者は、会計について「それは社会のインフラであり、共通言語」なのだと述べています。

そうした考えに基づく本書のなかから、ここではパート3「自分は、社会に、何ができるのか？」に焦点を当ててみたいと思います。

会計がわかれば社会がわかる

会計は、社会を見るためのレンズになると著者は表現しています。**会計を通して社会を見れば、目の前の仕事がどのように社会とつながっているのかが見えやすくなる**ということ。

もちろんその一方には、「会計を学ぶのは、仕事ができるようになるため」「スキルを得て給料をアップさせたりするため」というような考え方もあるでしょう。しかし、それは会計を学ぶことの本質的な意義ではないというのです。

それよりも重視すべきポイントは、これから社会が急激に変化していくということ。したがって目の前の数字をただ追うだけではなく、その裏側にある意味を理解することが重要なのです。

社会の仕組みを反映したＥＳＧ投資

そして注目に値する社会の潮流のひとつとして、著者は「ＥＳＧ投資」を挙げています。

ESGとは、次の3つのイニシャルをとったことば。

- **環境（Environment）**
- **社会（Society）**
- **ガバナンス（Governance）**

これは、「地球環境や人類が生きる社会を大事にしよう。それらを大事にできる体制をつくることができている会社に投資しよう」という趣旨の考え方でもあるそうです。

ここでは、「ESGを意識すると、売上一辺倒では立ち行かなくなる」ことについて考えてみましょう。

売上を過度に上げるべく環境や社会を犠牲にした商品を安くつくれば、それはいずれ批判され、結果的に企業価値が下がることになります。そのため、ESGを意識すると環境や社会に配慮した商品づくりをせざるを得ないのです。

しかし、だからといってESGを気にしすぎ、〝長期的に環境や社会に望ましい投資〟ばかりを優先し、目の前の売上や利益を軽視するわけにもいかないでしょう。

そうなってしまうと、社員への給料も払えなくなってしまい、新たな投資もできなくなり、会社が続かなくなることも考えられるからです。

つまり、バランスが大切だということ。

しかも、それは経営者だけが考える問題ではありません。働くひとりひとりが、会社のお金の流れの全体像を理解し、行動につなげていくことが重要であり、著者もその点を強調しているのです。

Points

■会計を知れば社会が見えてくる
■利益一辺倒から環境や社会への影響重視へ
■ESGと利益のバランスが求められている

人生を自由に生きたい人は これだけ知っていればいい お金で損しない シンプルな真実

山崎 元（朝日新聞出版）

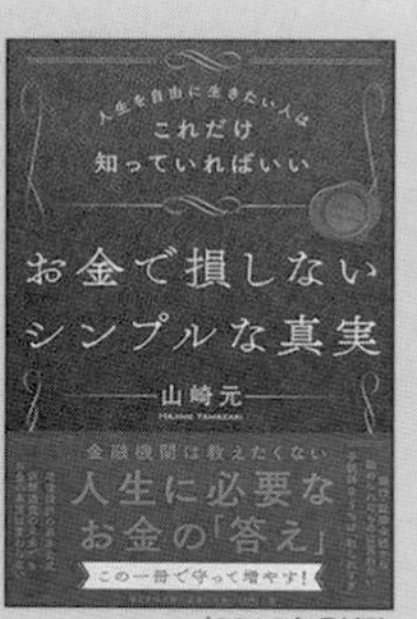

（2018年刊行）

お金は「感謝のしるし」

「お金はあくまでも手段にすぎない」「お金は淡々と合理的に扱う」「お金の運用は自分で行う方が簡単で安心」、このようなお金に関するシンプルな結論を導くのが本書です。著者は資産運用を専門とした著名な経済評論家。まず興味深いのは、お金を「感謝のしるし」と定義づけていることです。

　お金が入ると、次はそれを誰かのために使うことができます。誰かが自分にしてくれた「いいこと」に対し、「感謝のしるし」を支払い、それを受け取った人は、また違う別の誰かに支払うわけです。

　このように、「感謝のしるし」として社会をぐるぐるとめぐっているのがお金だというのです。

　つまり、「いいこと」と「感謝」との関係が、目の前の具体的な誰かのためだけでなく、大きく社会に広がっているのが、現在の経済というシステムだということ。

いい借金と悪い借金を見分けるには?

　お金を使いたければ、働いて貯めてから使うのが原則。しかし、手元にお金がないなら、「借金をする」選択肢もあります。ただし、お金をただで借りることは不可能。たとえば、年利10%で50万円を1年間借りると、

1年後には金利がプラスされ、55万円を返済しなければなりません。

いわば借金とは、「金利を払って時間を買う」こと。でも、**忘れてはならないのは、「借金の時間の値段は必ずしも安くない」という点です。**カードローンやキャッシングに投資のようなリスクはありませんが、その代わりに確実に損をする借金だということです。

ただし、すべての借金が悪いわけではないようです。「悪い借金」と「いい借金」を見分けるポイントは、「計算が立つかどうか」。ある時間に対してある金額のお金を支払うことが、結果として合理的に判断できる場合、「いい借金」で、個人の場合、それにあたるのが奨学金だそうです。

たとえば、大学生が時給1100円でアルバイトをすれば1時間で1100円を稼ぐことができます。ところが、大学を卒業して就職すれば、数年後には平均年収500万円程度のサラリーマンになることができます。年間250日の労働で1日8時間とすれば時給換算で2500円です。つまり、学生が2時間以上働く必要がある金額を、大学卒業後には1時間で稼げるようになります。

効率よくお金を稼げることがある程度確実にわかる場合、計算できる合理的な「いい借金」といえる可能性が充分にあるのです。

このように、お金について知っておきたいことをわかりやすくまとめた内容。そのため、いろいろ役立ってくれそうです。

Points

- ■お金とは「感謝のしるし」である
- ■借金には「いい借金」と「悪い借金」がある
- ■「計算が立つ借金」は将来的に自分にとってプラスになる

3分でわかる！
お金「超」入門
加納敏彦（きずな出版）

（2020年刊行）

お金の入門書は数あれど、多くは内容が難しいものばかり。そのため結局は、漠然とした不安を解消できないという方も少なくないはず。お金の専門家（ファイナンシャルプランナー／コーチ）である著者も、そのことが気になっていたといいます。そこで本書では、お金について「いますぐできる」対策を、わかりやすさを重視しながら紹介しているのです。

先行き不透明な時代だからこそ収入源を増やす

著者は、稼ぎ方（収入源）を複数に分ける「お金のセパレート・メソッド」を取り入れることをすすめています。なぜなら、先行き不透明なこれからの時代は、稼ぎ方（収入源）がひとつだとリスクが高くなるから。その収入源がなくなってしまったら、収入が一気にゼロになってしまうことを防ぐのが、「お金のセパレート・メソッド」なのです。

ここでは、第2章「副業・起業で収入アップ　これからの『お金の稼ぎ方』」から、副業に関して押さえておきたいポイントを抜き出してみましょう。

「自分で稼ぐ力」を高める方法

「従業員」の方も「自営業」の方も、さらなる収入アップにつながる副業ですが、とくに「従業員」の方は、まず月に数万円の収入アップから目指すべきだそう。

多くの企業ではまだあまり副業や兼業を認めていないかもしれませんが、ひとつ注目すべきポイントがあるのも事実。国（厚生労働省）が働き方改革の一環として、会社員に副業や兼業を促していることです。「原則、副業・兼業を認める方向とすることが適当である」と、「副業・兼業の促進に関するガイドライン」で２０１８年に明言しているのです。したがって、その流れに乗ってみるべきだということ。

ただ、副業をしようとするときには多くの人が「簡単に稼げそう」「すぐに儲かりそう」という発想で始めてしまいがち。

しかし**ビジネスは、「心から好きなこと」でないとなかなか続かない**ものでもあります。そして**本当に「得意」なことでサービスを提供しないと、人に喜んでもらうことは困難**。つまり、「好き」と「得意」の両方が必要なのです。

また、「稼げる」「儲かる」という視点の前に、相手視点での「本当に悩んでいること」を見つけることも重要。不況で変化の激しいいまの時代は困りごと・悩みごとの質も変わってきていますが、それをつかめばうまくいくというのです。

「好き」なこと、「得意」なこと、人が「本当に悩んでいること」の探し方も説明されているので実用性も充分。ぜひ本書を活用し、知らないままだと募るお金の不安を解消したいところです。

Points

- ■収入源をひとつに絞らないことでお金の不安は軽くなる
- ■「従業員」として働いている人こそ副業にチャレンジする
- ■副業は「好き」で「得意」で人が「本当に悩んでいる」ことから探す

お金に困らない人が学んでいること
「インプット」で人生を思い通りにする31の考え方

岡崎 かつひろ（すばる舎）

（2022年刊行）

新型コロナウイルスの影響で生活や働き方を大きく変えざるを得なくなった〝変化のとき〟こそ、「学ぶ」ことが重要。

なぜならそんな時代こそ、次に起こることを予測し、情報に振り回されず、自分で判断をする必要があるから。したがって、学ぶことこそが、激動の時代を生き抜くための最強の武器になるということです。

改めて考える学ぶことの大切さ

著者は「大切なのは高い学歴ではなく、〝学ぶための努力ができる〟こと」だと述べています。そしてもちろん、挑戦をしたり、興味を持ったりする姿勢も重要。これからの時代は、新たなテクノロジーの発展により、過去の経験だけではどうやっても乗り越えられないことが起こっていくはずだからです。

それは、２０２０年１月に経営していた飲食店をすべて手放し、講師業を中心にするという方向転換をした著者自身にもあてはまるようです。

飲食店経営はうまくいっていたそうなので、それを手放すのは大きな決断。しかも講演会は以前から行っていたものの、事業の主体にはしていなかったというのです。

不安を払拭するため、著者は可能な限りさまざまな勉強会やセミナーに参加したのだとか。

すると、それまで縁のなかった人事コンサルティングの仕事に出会えたのだそう。いまではそれが、主力事業のひとつになっているのだといいます。

したがって、**出会ったときに「学ぶ力」があるかないかが大きな分かれ道になる**ということです。

学びの価値の見出し方

上司から、やる意味を感じられない仕事を頼まれたなら、モチベーションが上がらなくて当然。なぜなら、人は意味がないことはしたくないものだからです。いいかえれば、「その仕事にどんな価値があるか、なんのためにやるのか」が重要なのです。

同じように、「学ぶ」ということにも理由が必要。自分なりの〝学びをがんばれる理由〟を見つけることが大切なのです。

ところで人には5つの「たい」があるそう。

① ほめられたい
② 認められたい
③ 成長したい
④ 自立したい
⑤ 人の役に立ちたい

これらが満たされると、人はがんばれるわけです。

同じことは、学ぶことにもあてはまります。自分にとって「この理由ならがんばれる」というものを見つけることが大切なのです。

自分に投資できる人こそが、これからの時代を強く生き抜いていける。そんな考え方を軸にした本書を参考にすれば、人生をよりよく彩ることができそうです。

Points

■変化のときこそ学びが重要
■学びで「5つのたい」を満たせるか?
■自分に投資できる人になることが重要

お金本

**夏目漱石、国木田 独歩、泉 鏡花
その他**（左右社）

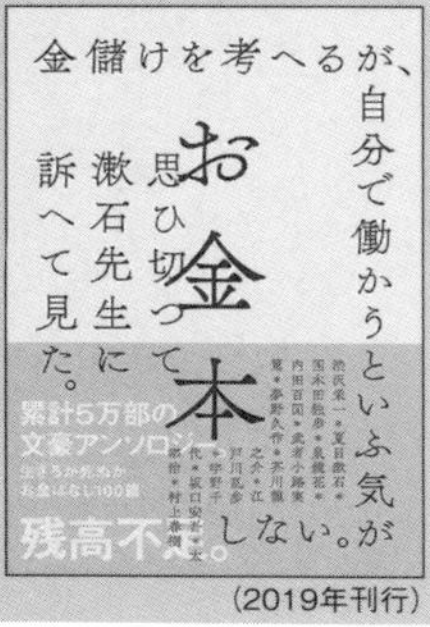
金儲けを考へるが、自分で働かうといふ気がしない。
思ひ切って漱石先生に訴へて見た。
お金本
累計5万部の文豪アンソロジー
残高不足。

（2019年刊行）

偉人たちの懐具合

お金に悩むのは私たち一般人だけではないようです。永井荷風、夏目漱石ら文豪と呼ばれている人々、石ノ森章太郎、赤塚不二夫ら漫画家、ミュージシャンの忌野清志郎など、さまざまな人たちのお金に対する思いをまとめたのが本書。そのなかから、お金にまつわるおすすめの愚痴をご紹介します。

●酒との出逢い（森敦）

いつもツケで飲んでいたから、借金もだいぶ溜っていたのだろう。ぼくが檀一雄のところに遊びに行っていると、「香蘭」のおかみがちょっとした手土産を持って訪ねて来た。それとあからさまにはいわなかったが、借金の催促だとはわかっていた。

檀一雄は笑いながら愛想よく応対していたが、ちょっと額に手をあてるような仕草をすると、机の上から体温計を取って小脇に挟んだ。「熱がありますの」と「香蘭」のおかみが訊いた。

（中略）「香蘭」のおかみは無理にとり上げて見て、四十度もあるじゃありませんかと言い、催促もせずに帰って行った。

ぼくも愕《おどろ》いてその体温計を小脇に挟んでみたが、やはり四十度になった。檀一雄はだれがしても四十度になる体温計を持っていたのである（２２６～２２７ページより）。

●人情物語る家計簿（遠藤周作）

昔の家計簿を見ると、いかに貧乏だったかが、手にとるようにわかる。私は世田谷の玉電松原のボロ屋に住んでいたが、今でも感謝しているのは旧玉川電車駅にちかい商店の人たちだ。電器屋さんは私が「出世払い」ということでテレビもおいてくれたし、魚屋さんは「これでお宅の先生に栄養つけさせてよ」とただで魚をわけてくれた。（中略）まだ東京の街に人情が残っていた時代である。家内が保存している家計簿を見ると、その頃の生活の一こま、一こまが甦ってくる（253〜254ページより）。

●貧乏はどこに行ったのか？（村上春樹）

自慢するわけじゃないけれど、僕は昔かなり貧乏だったことがある。結婚したばかりの頃で、我々は家具も何もない部屋でひっそりと生きていた。ストーブさえなくて、寒い夜には猫を抱いて暖を取った。（中略）我々は若くて、かなり世間知らずで、そして愛しあっていて、貧乏なんて全然怖くなかった。大学を出たけれど、就職なんかしたくないやと思ってけっこう好きに生きていた。客観的に見れば世の中からおちこぼれていたようなものだけれど、不安というほどのものもなかった。でもまあ、とにかく貧乏だった（303〜304ページより）。

本書から感じられるのは、「いつの時代も、人はそれほど変わらないんだな」ということ。読み物としてとても魅力的。お金がないことを嘆く文章ばかりですが、不思議と悲壮感はなく、ときにお金について悩む姿が微笑ましくもあります。

Points

- ■偉人やスターの金銭感覚がわかる
- ■お金とのつきあい方を見なおすきっかけに
- ■ときに微笑ましい貧乏自慢

今日、会社がなくなっても食えるビジネスパーソンになる！

石川和男（明日香出版社）

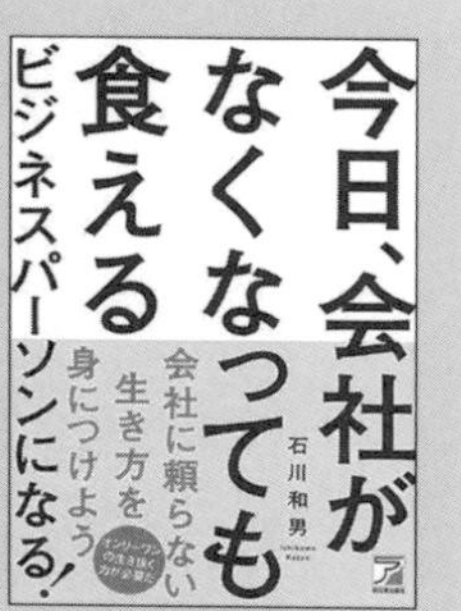

（2021年刊行）

〝ただの会社員〟から自分で稼げる会社員に

著者は建設会社の総務経理担当部長であると同時に、セミナー講師、時間管理コンサルタント、税理士など5つの副業を持つ人物。本書では自身の経験を軸に、ビジネスパーソンがこれからの時代を生き抜くための選択肢を紹介しています。それは大きく分けて次の3つ。

1：「好きな会社に転職できるだけのスキルを身につける」
2：「今の時代に勝ち残れる方法で独立（副業）する」
3：「リストラされないだけの力を身につける」

3つに共通するのは、専門知識を養えば実現できるということ。そのために避けて通れないのは勉強です。なお、ここでいう勉強とは、「自分が現在、あるいは将来に向かって、必要としていることを自ら学ぶこと」。

著者いわく、大人の勉強は、もうすでになにをするかわかっていて、その目標に向かって行うもの。いいかえるとスタートを決める勉強ではなく、ゴールに向かって突っ走る勉強。まったく違うものなのです。

つまり、**子どもの勉強が受動的なものであるのに対し、大人のそれは能動的なもの**だということなのでしょう。

だとすれば、効率的な能力向上が必要となります。そこで著者は、有効な勉強法を3つ紹介しています。

飛躍的に能力が上がる勉強法

1つめは「モノクロからカラーに変えて勉強する」。書く文字をモノクロからカラーに変えることで、脳の働きがよくなるというのです。脳は左脳が「論理的思考」、右脳が「直感的能力」と役割が分かれており、左脳は文字を認識し、右脳は色を判断するともいわれています。つまり、勉強のときにカラーペンを使うだけで、簡単に両方の脳を使うことができるということです。

2つめは「〝ながら〟で勉強する」。「声に出して読む」「ラインを引きながら見る」「散歩しながら唱える」など、2つ以上の動作を組み合わせることが、記憶の定着を向上させるのだといいます。

3つめは「場所を変える」。毎日、同じ場所で勉強していると飽きますし、自宅には気が散るアイテムも多くあるもの。そこで外出し、違う環境で勉強しようと著者は提案しています。おすすめは、専門学校や図書館などの自習室。自習室には「勉強」という共通の志を持った仲間しかいないので、疲れたと思っても、もう少しがんばろうという気持ちになれるはず。この「もう少し」の積み重ねが大きな力になるのです。

他にも、サバイバル時代を生き抜くためのテクニックが多数。いろいろ役立ちそうな一冊です。

Points

- ■これからの時代は、転職もしくは副業・独立できるスキルが必要になる
- ■スキルを身につけるためには効率的に勉強すること
- ■カラーペンを使う、ながらで学ぶなど、効率的な方法を知っておく

すみません、金利ってなんですか？

小林義崇（サンマーク出版）

（2020年刊行）

知識ゼロからお金を学ぶ

本書は担当編集者が〝お金知識ゼロ〟の立場から、かつて国税局に勤務していた「お金のプロ」である著者に疑問をぶつける構成になっています。

タイトルにもなっている「金利ってなんですか？」にはじまり、「投資や株は聞いたことがありますが、それがなんなのかはわかりません」といった〝史上もっともハードルが低い〟お金の話〟ばかり。「お金について知りたいことは多いけれど、いまさら聞くに訊けない」という悩みを持っている人にとって有効な内容なのです。

自己破産は絶対ダメ？

たとえば自己破産。クレジットカードを使いすぎると払いきれなくなってしまうことがありますが、そういう場合に起きがちなのは、毎月の返済額のためにクレジットカードでキャッシングするというケースです。

つまり、クレジットカードで買い物した分を、クレジットカード会社から借金して返すということ。なんだか奇妙な気もしますが、トラブルとしてはよくある話なのだそうです。

とはいえ当然のことながら、クレジットカードでキャッシングする場合でも無尽蔵に借りられるわけではありません。やがて、返済がまったくできなくなることも考えられます。どうしても借金を返せなくなったとしたら、「自己破産」しなければならなくなることもあり得るでしょう。

よく聞く自己破産とは、裁判所に認められれば、税金以外のすべての借金の返済義務をまぬがれることができる方法。つまり**家族が連帯保証人になっていない限り、取り立てが家族に向かわないなどのメリットがあるのです。**

一方で、**自己破産をすると「個人信用情報機関」のブラックリストに名前が載るというデメリットも。**

個人信用情報機関とは、借金の有無や、延滞がないかなど〝個人のお金にまつわる情報〟を管理している組織のこと。

「○○さんが自己破産をした」という情報は、当然個人信用情報機関に伝わります。すると、ローンなどお金にまつわる各種審査が、通らなくなる可能性が極めて高くなるんです」（255ページより）。

また、自己破産の手続きをする場合には、弁護士に依頼をすることになるそう。

しかし、その前に債権者、すなわちお金を貸してくれた人と話し合って返済期間の延長を交渉するなど、「自己破産以外の方法」も存在することは頭の隅に置いておいてもいいようです。

他にも「源泉徴収・年末調整・確定申告」「株や投資」「税金」「銀行」「保険」「年金」「仮想通貨、ブロックチェーン」と、お金にまつわるさまざまなことがらを網羅。お金の基礎を知るには最適な内容です。

Points

- ■金利から税金、暗号資産（仮想通貨）まで、お金にまつわる知識を網羅できる
- ■「いまさら聞けない」お金の疑問がある場合に役立つ
- ■たとえば自己破産は、メリットとデメリットをよく理解することが必要

■お金の話の扱い方

書店の店頭には、「お金の増やし方」「儲け方」などに関する書籍が並んでおり、それらの多くは「一生お金に困らない」などのキラキラした文言で彩られています。

しかし僕は、いかにも簡単に大金持ちになれそうな表現を用いたものほど敬遠するようにしています。きちんと考えれば誰にでもわかることですが、本を何冊か読んだだけで大金持ちになれるはずなどありません。お金を得るために、貯めるために必要なノウハウなどはあるでしょうが、その方法も著者の考え方によって大きく変わってくるはず。

そう考えていくと、そういった書籍は「印南敦史の毎日書評」には向いていないかもしれないなと感じるのです。そのため、「これなら大丈夫だろう」と思えるものでない限り（多少なりともリスクを伴う可能性がある限り）、採り上げるべきではないと考えているわけです。

なお（いうまでもないことですが）、選書についてのライフハッカー・ジャパン編集部との共通認識は「個人のビジネスパーソン向け」であることです。それが選書の際の基準になっているのです。たとえばマーケター向けの専門誌ではなく、サラリーマンや個人事業主など、〝働くすべての人〟に向けられているわけですから、さまざまなバックボーンを持った方々が、「なるほど、これは自分の仕事に役立つな」「仕事をするうえでの参考になったな」と思っていただけるものであるべきだと考えているわけです。それがなかなか難しく、「この本は、本当に受け入れてもらえるのかな？」と悩み続けているのですけれど。

しかし、読者のみなさんと同じように、僕自身にとってもお金の問題は重要です。だからこそ、同じ目線で「これは役立つのだろうか？」と考え続け、その結果を選書に生かすことが重要だと考えているのです。

lifehackerの視点

キャリアとお金の関係性

基本的にライフハッカーを読んでいただいている方は（この本の読者の方もそうだと思いますが）、仕事も含めて自分のキャリアのデザインをしっかり考えたい人だと思います。であれば、お金のことを考えないわけにはいきません。

ただ、お金は生活と深くかかわるものなので、当然考え方も選択肢も多様。シングルの方もいれば共働きも。家族のかたちだってさまざまですし、キャリアのデザインも一種類ではない。終身雇用を前提としたこれまでの雇用体系が終わりを迎えようとする今、お金とのつきあい方も考えなおす必要がありますよね。

私たちはビジネスパーソンのみなさんがご自身の人生とキャリアのハンドルをしっかり握り、よりハッピーな人生を送っていただけたらと考えています。

第4章

プロフェッショナル力がどんどん高まる1テーマ3冊

センスは後天的に身についてくる

第4章で扱う「営業力」「話し方」「マーケティング」「イノベーション」に関してては、「スキルではなく、持って生まれたセンスが大事なのではないか」と考える方も多いかもしれません。しかし僕は、センスは先天的なものであると同時に、後天的に身につけられるものでもあると考えています。

営業テクニックにしても、マーケティングやイノベーションのテクニックにしても、専門的な高等スキルを持ってないと到達できないというものではないはず。もちろんスキルがあるに越したことはありませんが、それを持ち合わせていなかったとしても、「なるほど、こういうセンスなんだね。そして、こうやって身につければいいのか」ということを理解できれば、あとからでも身につけることは可能だと思うのです。だとすればそれは、本を読むことで身につけられるスキルだと考えることができます。

「営業力に欠けている」「マーケティングのセンスがない」など、この章で扱っているテーマは「自分に欠けている部分」と直結してしまいやすいかもしれません。「ああ、やっぱり自分にはここが足りないんだ……」というように。

しかし、第2章の「コミュニケーション」でも書いたとおり、それは単なる考えすぎ。「自分だけにコミュ力がない」と思い込んでいるかもしれないけれど、実は「誰もがコミュ障」であり、テクニックで改善できたりもするわけです。そしてそれは、営業力やマーケティングのセンスなどにも当てはまるもの。気づいていないだけで、実は自分にもそれらのセンスを培う素養はあるはずなのです。

過去に何度か、「センスってよくなるんですか?」と聞かれたことがあるのですが、そのたび僕は「センス・アップということばがあるよね」とお伝えしています。和製英語ですけれど、これは「センスは高めることができる(後天的に身につけられる)」と解釈できるのではないでしょうか? そう考えたほうが建設的ですし、前向きな考え方は、ビジネスにも大きく役立ってくれるのではないかと思います。

お客様が教えてくれた「されたい」営業

今井晶也（フォレスト出版）

（2022年刊行）

著者は本書において、「自分が〝こうしたい〟と考える営業と、お客様が〝こうされたい〟と考える営業は同じなのか」と疑問を投げかけています。知るべきなのは、自分ではなくお客様が〝されたい〟と考える営業なのだということです。

王道セオリーはお客様のニーズと必ずしも一致しない

そんな著者は、「シン・セールス理論」という新たな営業理論を確立、約１００名の購買者にアンケートをとり、購買者のリアル・購買におけるファクトを収集してもいます。たとえば、「他社の営業マンから商談を受ける際は、事前に話される内容の大枠や領域を知っておきたいと思いますか？」という問いに対しては、78・7％の人が「事前に知っておきたい」と回答したそう。「どちらとも言えない」を含めると95・8％になるので、それを望んでいない人はほぼいないといえそうです。つまり、アンケート結果に基づけば「商談前に資料を送ったほうがよい」ということになるのです。

しかし、著者が現場の営業マンだったころは、「事前に情報を与えて余計な判断をされないほうがよい」と教育されていたそう。事実、アポイントをとった企業に事前に資料を送ったところ、「資料を見ましたが、いますぐの検討は難しそうなので」と商談をキャンセルされたことがあったのだとか。

ここからわかるのは、「事前に資料を送る」ことをお客様は望んでいるが、送付する資料には工夫が必要だということ。

つまり、情報を詰め込んでしまうと、受け取った側は情報の多さに抵抗を感じ、商談そのものに不安を抱いてしまうことがあるのです。また資料が外部に出回りすぎると、情報統制ができないリスクも生まれます。

そこで望ましいのは、**商談前にはあらかじめ加工された資料を提示すること**。資料を読むだけでは完結しない、商談に前のめりになるような資料です。

有名な事例は必ずしもプラスではない

「商談を受ける際、名前を知っている企業の導入事例があると安心できますか?」という問いに対しては、68・4%の方が「安心感がある」と回答。一方、「あまりそう思わない」「そう思わない」というネガティブな回答も3割程度あったようです。

このアンケートを踏まえると、有名企業の導入事例はプラスに働くこともあるが、万能というわけではないということになります。むしろ、商談相手と近い企業や似たようなニーズのケースを取り入れたほうが効果があると考えられるのです。これもまた、意識しておきたいポイントです。

こうした考えが紹介された本書を活用すれば、新時代の営業術を「知る」→「学ぶ」→「活かす」というサイクルを築いていけそうです。

Points

■新しい時代には新しい営業術がある
■お客様のニーズは従来の営業術と必ずしも一致しない
■顧客アンケートに即した、実践的な営業術を学べる

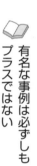

「売れる営業」がやっていること「売れない営業」がやらかしていること

松橋良紀（大和書房）

（2017年刊行）

著者はもともと口下手の人見知りで、コミュニケーションが苦手だったのだそうです。しかし生きていくため仕方なく接客、販売、営業の仕事を続け、現在に至るというのです。つまり本書は、著者自身が仕事を通じて実際に学びとった考え方の集大成であるわけです。

お客様に感動を与える

いうまでもなく、営業にとって大切なのは、お客様の心をつかむことです。だからこそ、決まったトークに慣れすぎて、淡々と話をするだけの「説明屋さん」になってしまったのでは売れるはずがありません。

一流の営業は、つねにお客様に感動を与えるもの。それは、**自分自身を毎回感動させるためのルーティンがあるから**なのだといいます。彼らは「このトークをするときには、意図的にテンションを上げれば、全体的なテンションも上がってくる」というようなポイントをつくっているということ。大切なのは、毎日お客様に感動を与えられる営業になるために、なにをすべきかを考えてみること。その答えが見つかれば、成績もついてくるようになるわけです。

メリットではなくベネフィットを説明する

商品説明のことを、「メリットを説明すること」だと思っている営業マンは決して少なくないと著者は指摘します。しかし、「このコピー機は、従来のものにくらべてスピードが速くなりました。1分あたり30枚の印刷が可能です」という説明では、機能について絞り込んで調べている人にしかヒットしないでしょう。つまり、「買う基準」が明らかになっている人にしかわからないのです。

　それに対し、**ベネフィットを提供できるのが売れる営業**。ベネフィットは「どんな悩みを解消できるか?」といいかえることも可能。たとえばコピー機の例でいえば、お客様が「印刷が遅い」という悩みを抱えているとしたら、「いまお使いのものだと1時間かかるものが、こちらの機種だと40分で済みます。20分の節約ができます」のようなセールストークが考えられるのです。

　著者は新人時代によく、「ニーズを充分に掘り下げていないから売れないんだ!」と注意されていたそうです。「さほど強いニーズがないお客様に会って、商談をして契約してもらう」ことこそが営業の仕事だからです。

　そして、**ニーズが微弱な状態から、強いニーズを引き出せるのが売れる営業**。つまり、ニーズをいかに引き出せるかが勝負の分かれ目になるということです。

　著者によれば、人がモノを買う動機は、得があると感じたか、損をしたくないと感じたからの2つだけ。それこそが強いニーズになり得るものなのです。

Points

- ■売れる営業は毎回自分の心を上げるポイントを持っている
- ■売れる営業は機能ではなく悩みにクローズアップする
- ■売れる営業はニーズを引き出す

営業の働き方大全

菊原智明（大和書房）

（2019年刊行）

営業という仕事と働き方改革

近年は「働き方改革」の影響もあり、残業時間を減らす企業が増加しています。それ自体は必ずしも悪いことではないとしても、問題は、残業時間が減っても仕事量は変わらないこと。とくに**営業職の場合、働き方改革によってノルマが軽くなるなどということはない**わけです。

そこで、働き方を自ら変え、これからの時代に活躍できる営業になるための方法を紹介しているのが本書。

具体的には、営業ノウハウはもちろん、営業に必要な時間術、勉強法、パフォーマンスを上げる方法までが網羅されています。ここでは第5章「社内コミュニケーション・接待術」に焦点を当ててみましょう。

人間関係を大切にしなければ一発屋で終わる

「天才的営業」だといわれた人がわずか数年で失速してしまったり、「この人は苦戦するだろうな」と思わせた人がジワジワと実績を積み上げ、5年も10年も長く活躍することになったり。そんな、予測できないことが頻繁に起こるのが営業の世界。

「売れ続ける営業」と「一発屋で終わる営業」の差は人間関係の差だという著者は、そのことについてこんな事例を引き合い

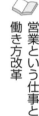

に出しています。

「入社してすぐに結果を出した後輩営業がいました。彼はハンター型営業で、契約を取るまでは熱心に行動するタイプ。

ただ、いわゆる釣った魚には餌をやらない、といったスタイルでした。当然クレームが多く発生しますし、時には処理が遅れ問題がこじれて大きくなったことも少なくありません。

さらに問題だったのは、他の部門のスタッフとの関係。仕事を丸投げするため、どんどん社内に敵を増やしていったのです。結局、さまざまなところから足元をすくわれ沈没します。彼はその後二度と浮上することなく、ひっそりと会社を去っていったのです。本当に残念でなりません。

一方、結果を出し続ける営業はそういったおろかな行為をしないのです。お客様を大切にしますし、そのスタンスは契約後も変わりません。（中略）

ですから、ピンチの時、まわりの人たちが積極的に助けてくれます」（１４０～１４１ページより）。

この事例から、明確にわかることがあります。長期にわたって活躍する営業は、「他部門のスタッフの協力なしでは、結果を出し続けることなどできない」とはっきり理解しているということ。営業は単独でできるものではなく、お客様との関係、社内スタッフとの関係なくしては長く活動できないわけです。

他にも外見ではなく「信念や習慣」をほめることなど、意外なテクニックが満載。スキルを効率的に高めるために役立ちそうな一冊です。

Points

- ■働き方改革で、働く時間は減るがノルマは減らないのが営業
- ■売ったら終わりの営業ではなく、「釣った後」のフォローが大切
- ■営業は単独でできるものではないと心得る

話し方で損する人得する人

五百田 達成
（ディスカヴァー・トゥエンティワン）

（2022年刊行）

人間関係は「話し方」だけでもよくも悪くもなる

見た目や社会的な立場などが同じでも、「話し方」が違うだけで人生は大きく変わります。

また、プライベートと仕事でも、適切な話し方は異なるもの。したがって、面倒でもプライベートと仕事で話し方を切り替えるべきだというのが著者の考え方です。

たとえばプライベートでは、空気を読んだり、共感するなど、「あいまいに」話すこともときには大切です。しかし、仕事において、あいまいなコミュニケーションは損でしかありません。仕事での「得する話し方」の基本は、きちんとはっきりと、具体的に話すことだからです。

よくあるのが、話があいまいすぎて物事が進まないケース。たとえば、「ゆくゆくご相談しながら」「持ち帰って検討」などよく聞くフレーズは損な話し方。また、「うまいことやっといてよ」と丸投げ指示や、「よろしくお願いします」だけで、具体的な依頼がないアプローチも困りものです。

一方、**「得する話し方」は、具体的に話し、「とりあえず決める」習慣をつけることが**ポイント。たとえば、「あとで変更があるかもしれませんが」と断ったうえで、「次回は○日にしましょう」ととりあえず決めるクセをつける。あるいは「○月×日までに」「予算は○円でお願いします」など、きちんと「数字」を交えて具体化する。ビジネスにおいて「数字のない話」はあいまいになりがちなので、数字を出し、具体的に話すべきだということです。

得する話し方は意外とシンプル

「仕事のコミュニケーションは具体的に」といっても、やたらと細かく具体的な指示を求める人は「損する人」、いわゆる「指示待ち人間」ということになってしまうようです。「議事録をまとめておいて」といわれたとき、「どんなふうにまとめたらいいですか?」と聞くなどがいい例です。

そこで有効なのが、勝手に動くのではなく「案を考えて提案する」こと。「○○の件、こうしようと思うんですがどうでしょうか?」と、**勝手に動くわけでもなく、指示を待つだけでもなく、自分の頭で考え、案を出すことが大切**なのです。

その場合、上司は「じゃあ、Aの方向でやってみて」「ここだけは修正しておいて」と返答できるので、なにより「この人はやる気があるな」と思われ、評価が上がるはず。つまり「得」をするわけです。連絡が速く、細かく報告をするのが「得」をする話し方だということです。

逆に連絡が遅かったり、返すべきメールが溜まっているなら「損」。なにも決まっていなくても「現時点の状況」を返信するだけで相手の印象は180度変わるもの。そのため、連絡が速いだけでデキる人になれるのです。

Points

- ■仕事ではあいまいな話し方を避ける
- ■細かく指示を求めるのではなく具体的に提案する
- ■連絡はとにかく速く打ち返す

「おもしろい人」の会話の公式
気のきいた一言がパッと出てくる！

吉田照幸（SBクリエイティブ）

（2015年刊行）

本書は、『あまちゃん』『サラリーマンNEO』などを制作してきたテレビ・ディレクターが、「誰でも簡単に話をはずませるコツ」を紹介した書籍。そんな著者によれば、**「おもしろい」は、コミュニケーションの問題を一気に解決する可能性を秘めている**のだとか。いかにも、「つくり込んだ笑い」をベースにした番組を生み出してきたディレクターらしい考え方です。

ここでは、「会話がはずむ雑談の公式」をご紹介しましょう。

「オレも」「私も」は使わない

「この間、私、ゴルフでベストスコアを出したんだ」という相手のことばに、「オレもこの前ゴルフに行って〜」と、自分の話を始めてしまったりすると、その先の話が続かなくなってしまいます。「オレも」「私も」が危険なのは、「相手は自分の経験が特別でおもしろいと思って話している」から。なのに割って入ってこられたら、「あなたの話は特別じゃない」といわれたようなものだというわけです。

だから、こういう場合の正解は「聞くこと」。「ベストってすごいじゃん。いくつ?」「長いパットが入ったの?」などと聞いてあげたほうが、話しているほうはうれしいからです。

誰しも、「自分のことを話したい」もの。そこで基本的には、相手の「特別感」を消さないように聞くことが大切なのです。

「YES」「NO」で答えられる質問はしない

野球中継のヒーローインタビューで、「打った後、どんな風に感じましたか?」などと聞く人がいますが、それでは「ヒットになってうれしかったですね」と答えるしかありません。また、さまざまな場面においても、「怒ってますか?」「忙しいんですか?」など、見ればわかるような質問をする人も少なくありません。しかし、こういう**「答えづらい質問」では、話が弾まなくても当然**です。

るもので、質問もしやすいはず。でも漠然とした質問では、相手も話を続けようがなくなるわけです。

著者が使っているテクニックは、誰にでも応用できるものばかり。目を通してみれば、「おもしろい会話」をするためのコツを見つけられることでしょう。

「返答」は具体的な質問を入れてみる

初対面の相手の趣味などを探っていく場合、「音楽はなにが好き?」などという聞き方では話は続きません。こういうときは、「具体的な話」をしたほうがいいのです。なお、相手がそのことについて知っているか否かは問題なし。「僕はハードロックが好きです。○○って知ってる?」といって相手が知らなかったとしても、場合によっては、「へえ、なにそれ?」と聞いてもらえるかもしれないからです。

どんな話でも、具体的であれば、相手はリアクションがとれ

Points

- ■おもしろい話はコミュニケーションの問題を解決する
- ■相手の話を横取りしない
- ■相手が答えやすい話をする

人は聞き方が9割

永松茂久（すばる舎）

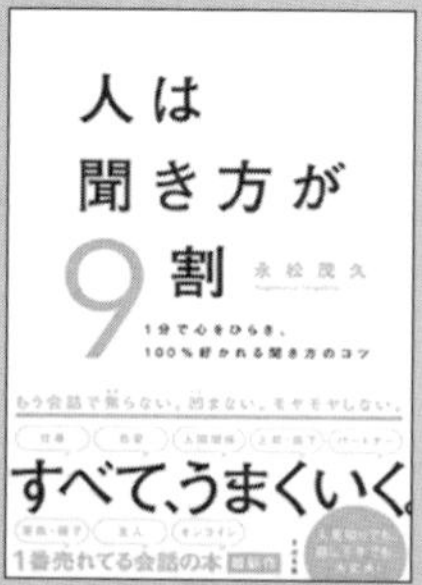

（2021年刊行）

話し方の人気著者による聞き方の本

本書は、ミリオンセラーを突破した『人は話し方が9割』の著者による「聞き方」の本。「話し方が9割なのに、聞き方も9割なの？」と疑問に思うかもしれませんが、そこには理由があるようです。

それは**「人は本来話したい生き物である」**ということ。つまり、多くの人は「話し上手な人」よりも「話させ上手な人」を求めているのです。ならば会話を上達させるいちばんのコツは、「自分の大切な人の話を聞く時間を増やすこと」だということになるわけです。

そう信じて疑わないからこそ、「話し方と聞き方ではどちらが大切なのか？」と聞かれるたび、著者は迷わず「コミュニケーションにおいては、話し方より聞き方のほうが大切」だと断言しているのだとか。

ここでは第4章「『また会いたい』と思われる人の聞き方」のなかから、〝オンラインでの聞き方〟についてのトピックスを取り上げてみましょう。

オンラインでいい空気をつくる「3つのコツ」

オンラインにおける周囲からのリアクションは命綱のようなもの。懸命に話した結果、リアクションがなかったとしたら、発言者は嫌な気分になるかもしれません。逆にうなずいてくれる人がいたら、それが安心感につながる可能性もあります。

そんなオンラインの性質を考慮し、著者は社内会議やコミュニティのなかでいくつかのルール決めをしています。それは、たとえば次の3つ。

- **「否定禁止」**
- **「魔法の傾聴」**
- **「リアクション3倍」**

つまり、話す人に対する配慮をあらかじめルール化しているということ。先にルール化しておけば、「あ、ここはそういう場所なんだな」と、参加者にマインドセットしてもらえるからです。

「否定禁止」とは、いうまでもなく相手のことばを否定しないこと。逆に「おもしろいですね！」「いいアイデアですね！」というように、肯定に徹するべきなのです。

「魔法の傾聴」は、表情、うなずき、姿勢、笑い、感動などをフルに活用して聞くこと。そして「それは素敵ですね！」というように前向きなリアクションをするわけです。

そのリアクションに関しては「リアクション3倍」も重要。リアクションが大きいほど、画面の向こう側にいる参加者たちに伝わりやすく、好印象を与えることができるからです。

話なんか苦手でもいい。本当に大切なのは相手に寄り添うこと。だから、相手の話をしっかりと聞くことは重要なのだと著者はいいます。たしかにその点を意識していれば、コミュニケーションの質はおのずと高まっていくのではないでしょうか？

話し方

Points

- ■話し方と同じくらい、聞き方が重要
- ■聞くときは相手を肯定する
- ■ただ、相手に寄り添う姿勢で聞く

炎上とクチコミの経済学

山口真一（朝日新聞出版）

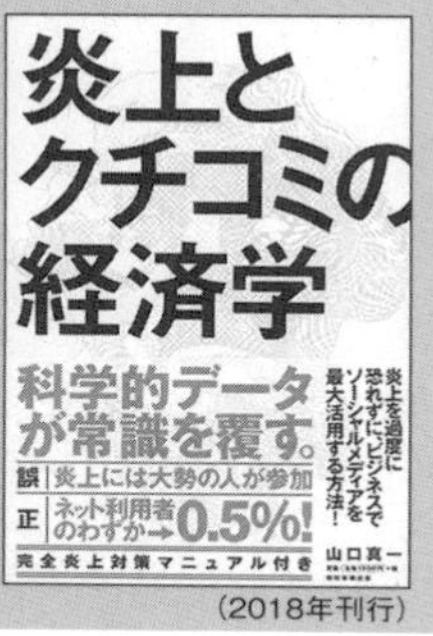

（2018年刊行）

　新商品を購入するとき、食事するお店を選ぶとき、以前はテレビＣＭなどマスメディアの情報を頼りにしたはず。しかし現代では、クチコミサイトやカスタマーレビュー、ＳＮＳを通じて他の消費者の投稿を参考にする機会が増えています。まさに「一億総メディア」の時代なのです。

　著者は「計量経済学」の専門家。計量経済学とは、統計学の手法によって定量的な実証分析を行う学問だそうです。

　炎上に適切に対応するためには、実態を正しく理解することが重要。そこで本書では総数約６万件のアンケート調査データに対して統計分析・モデル分析などを行い、「なんとなく思われていた炎上の常識」について検証しているのです。

炎上1件あたりの参加者は何人？

　炎上によるネット世論は、社会に大きな影響を与えるようになってきました。また、ひとたび炎上すると攻撃が連日行われるため、ネットユーザー総出で叩いているような印象が生まれます。でも、実際はどうなのでしょうか？

　２０１４年の約２万人を対象にした調査では、炎上について過去に１度でも書き込んだことのある人はネットユーザーの１・１％、過去１年間に絞ると

0・5％という結果が出ました。つまり、**200人に1人しか現役で炎上記事に書き込んでいないのです。**2016年の約4万人を対象とした調査でも、現役の炎上参加者は0・7％程度。炎上が起こると大多数の人が攻撃しているように見えますが、実際に攻撃的なコメントを書く人は、少数だということです。

しかも、「1年以内に1回でも」なので、1件あたりではさらに少なくなります。2014年の炎上件数は667件、現役の炎上参加者が平均して年間2件以上の炎上に書き込んでいるとしても0・0015％程度。すなわち、1件あたり平均1000人程度しか書き込んでいないわけです。

「ネット世論」の正しい受け止め方は

しかし、少数の意見だからといって「社会の意見を反映していない」ことにはなりません。重要なのは、**ネット世論がきわめて能動的に発信された意見である点**。

通常の世論調査は「聞かれたから答えている」、受動的な発信です。対するネット世論は、発信したい人が発信するのできわめて能動的です。発信したい思いが強ければ強いほど声が大きくなる仕組みなのです。

しかも、炎上が起こると発信を萎縮する人が増えるため、結果的に極端な意見ばかりが目立つようになります。こうして形成されたネット世論が、社会全体の意見分布と一致しているとは考えにくいのです。

このように詳細なデータによって炎上とクチコミの本質を明らかにした本書は、現代社会を理解するうえで大きく役立つことでしょう。

Points

- ■炎上の実態が正しくわかる
- ■炎上に参加している人は実は少数
- ■ネット世論＝多数派の総意ではない場合も

これからの麺カタコッテリの話をしよう

マキシマム ザ ホルモン
（ワーナーミュージック・ジャパン）

（2018年刊行）

書籍の発売自体が事件であり、マーケティングだった

「音楽が売れない時代」だといわれています。

そんななか、2018年にロック・バンドのマキシマム ザ ホルモン（以下：ホルモン）が、3年ぶりの新作『これからの麺カタコッテリの話をしよう』をリリース。これは音楽業界における「事件」でした。

なぜなら、「CD（4曲＋ボーナストラック）＋漫画」で構成される〝書籍〟として発売されたからです。

注目すべきは、公式リリースに以下のような記述があった点。今回の新作は、移籍した大手メジャーレーベル「ワーナーミュージック・ジャパン」からのリリースなのですが、〝メジャー・デビュー〟に際してはっきりとした意思表明をしているのです。

「マキシマム ザ ホルモンの楽曲を定額制音楽配信サービスで配信する予定はございません（※）」。

いうまでもなくこれは、「CD以外でホルモンの音楽を売ることはない」というメッセージです。CDについた期間限定の「プレイパスコード」で専用サイトにアクセスすれば音源のダウンロードが可能になり、スマホで聴くこともできますが、それもCDを買わなければ手にできない特典です。

この新作には**「CDを買わなければならない仕掛け」が随所に反映されています。**その徹底ぶりは驚くべきで、そのひとつが、同時限定発売された『これからの麺カタコッテリの話をしようジェネリック盤』。

これは「漫画なんかいらないからCDだけ売ってくれ」という要望に応えたもので、収録曲、ジャケット、ブックレット、歌詞カードは通常盤の内容と同じ。そして「4大特典」はなし。それにもかかわらず、通常盤2292円（価格の読み方は〝痛風苦痛〟）に対し、3030円。**特典がついた通常盤より高くなっています。**

そこには「こんな無駄なもの買うなよ」とでもいうようなユーモアが込められているわけです（結局は完売し、レア・アイテム化してしまいました）。

いずれにしても本作は、「CDが売れない時代にCDを売るにはどうしたらいいのか？」という課題に対するホルモンからの回答だということになります。

「音楽が売れない時代」にあえてメジャー・デビューするとしたら、そこにはリスクが伴います。しかしホルモンは〝一般的〟ではない発想とアイデアによって、リスクのほうが大きい状況と向き合っているのです。そこでの勝因は、発想力、自由度。

そして〝ありえないこと〟を本当にやってしまう行動力です。

でも、それは「マキシマム ザ ホルモンだからできること」ではなく、ビジネスの現場においても応用できることなのではないでしょうか？ なんにせよ、発想力がものをいうのです。

Points

- ■書籍自体が壮大なマーケティングであり挑戦である一冊
- ■「〇〇が売れない時代」を逆手に取る
- ■思いがけないヒットを可能にするのは発想力、自由度、行動力

※2022年10月26日から、アニメ「チェンソーマン」主題歌が「TVサイズで2曲のみ」サブスク解禁されました。

ファンベース
支持され、愛され、長く売れ続けるために

佐藤尚之(ちくま新書)

(2018年刊行)

新規顧客獲得が困難になっている現代だからこそ、消費行動を促すためには**「ファンベース」**が必要。これが広告に30年以上携わり、現在はコミュニケーション・ディレクターとして活躍する著者の考えです。

ファンベースとはなにか?

個人的に強く惹かれ、愛用し、思わず友人にすすめたブランドや商品は誰にでもあるもの。それがブランドや商品の価値に対する「支持」です。そして価値を支持して友人にすすめる人が「ファン」であり、ファンベースでは、そういう「支持者」を大切にしているのです。

ここでは第二章「ファンベースが必要な3つの理由」に焦点を当て、なぜファンベースが必要なのかを見ていきましょう。

● ①ファンは売上の大半を支え、伸ばしてくれるから

重要なのは、**「コアファン」**の存在です。それは、「ファン」の上位概念。いわゆるロイヤルティ(忠誠心)が高い人々で、実は彼らが売上の大半を支えているというのです。そのため、「コアファンであり続けてもらうこと」が収益の安定に直結するという考え方。

●②時代的・社会的にファンを大切にすることがより重要になってきたから

いまでもマーケティングの目的を「新規顧客の獲得」に置く企業は少なくないようです。

とはいえ現場は、「効かない」「売れない」というような実感であふれているもの。そして、こうした乖離が生まれたのは、時代や社会の「変化」による影響。それは、大きく3つに絞られるそうです。

1. 日本社会の変化
2. 超成熟市場による変化
3. 情報環境の変化

日本社会が変化したからこそ新規顧客がどんどん減り、超成熟市場が新規顧客獲得をより困難にしているのです。そのような状況に伴い、ファンベースという考え方は重要度を増しているわけです。

●③ファンが新たなファンをつくってくれるから

世の中に商品や情報やエンタメがあふれかえっているなか、「自分にぴったりの商品」や「まさにいまの自分に有益な情報」に出会うためにはどうしたらいいのでしょうか？　このことについて著者は、「友人からのすすめ」の重要性を強調します。

なぜなら、友人とは「価値観が近い人」だから。

もちろんクチコミの威力は、昔からずっと語られてきました。しかし、その威力と重要度が、いまほど重要になっている時代はないというのです。

このように、ファンベースについての多くの知見が集約された本書は、社会のニーズを理解するために最適な一冊であるといえます。

Points

- ■いままでの時代以上にファンの存在が大切
- ■ファンのなかでもコアファンをつくる
- ■クチコミの価値はどんどん高まっている

いつもの仕事と日常が5分で輝く
すごいイノベーター70人のアイデア

ポール・スローン 著、中川泉 訳
（TAC出版）

（2018年刊行）

イノベーターには誰でもなれる

革新的な発想をして行動に移す「イノベーター」になるのは難しいことのように思えますが、「実際は誰でもなれる」と著者は断言しています。要は、**イノベーターのように考え、行動すればいいということ**なのでしょう。

そして、そんな考えに基づく本書では、現状の快適な場所を抜け出して新たな冒険に一歩踏み出せるような、インスピレーションやアドバイスを示すことを狙いにしているのだそうです。

ここでは、惜しまれながら世を去ったフレディ・マーキュリーの革新的なイノベーターとしての一面をご紹介します。

フレディ・マーキュリーが起こしたイノベーションとは?

フレディ・マーキュリー（1946〜1991）はロック・バンド、クイーンのヴォーカリスト。本書では、彼が1975年のアルバム『オペラ座の夜』のために書いた『ボヘミアン・ラプソディ』についてのエピソードが取り上げられています。

なぜならこの曲は、ポピュラー音楽のルールをすべて破っていたから。この曲は密集和音のアカペラ、バラード、ギター・ソロ、オペラ、ロック・アンセム、美しいフィナーレという6

つの要素から曲が構成されており、つまり彼はひとつの曲のなかにさまざまなスタイルやテンポなどを複雑にミックスさせてみせたのです。

そこでクイーンはこの曲をシングルとしてリリースしたいとEMIレーベルに提案したのですが、あっさり却下されてしまいます。5分55秒もあり、当時のラジオで流すには長すぎたからです。

そこでフレディは、友人のラジオDJ、ケニー・エヴェレットに直接掛け合い、「曲の一部だけを流す」という条件で、レコードを渡したのです。

放送後、リスナーからの反響があまりにも大きかったため、ケニーは自分が司会を務める週末のラジオ番組でノーカット版を放送しました。その結果、多くのファンがレコード店に押しかけたものの、当然ながらその時点ではレコードは発売されていません。そこでEMIも、このレコードをリリースせざるを得なくなったわけです。

こうして、**ラジオでは流せないとわれ続けていた曲が、クイーン最大のヒット曲のひとつになった**のでした。

本書を1ページ目から順に読む必要はないと著者は記しています。自分が抱えている問題に役立ちそうな話に目を通せばいいのだと。そして、話の最後に挙げられているアイデアを、自分の問題に当てはめてみればいいということです。ユニークで親しみやすく、読みものとしての完成度も高い一冊。手元に置いておけば、いろいろな局面で役に立ってくれそうです。

Points

- イノベーターには誰でもなれる
- イノベーターを真似、イノベーターのように考え、行動すればいい
- 自分が抱える問題に合致したイノベーターの行動を試してみる

会社を辞めない起業
失敗リスクを限りなくゼロにできる8つのスモールステップ

松田充弘（日本実業出版社）

（2022年刊行）

少し前、「ＶＵＣＡ（ブーカ）の時代」ということばが注目されました。

・Volatility（変動性）
・Uncertainly（不確実性）
・Complexity（複雑性）
・Ambiguity（曖昧性）

4つの単語の頭文字をとった造語。先行きが不透明で、将来の予測が困難な状態を意味します。そんな時代は一般的に考えれば、起業には適していないタイミングのはず。しかし、だからこそ「起業のチャンス」なのだと著者は断言するのです。

ＶＵＣＡの時代がビジネスチャンスである理由は、社会が動くときには新たなニーズが生まれるから。たとえば、コロナ禍によって移動や対面が制限された結果、「ＺＯＯＭ」の業績が飛躍的に伸びたことが好例です。

3つの円で考える

「起業するなら、まずなにをすべきか」、この問いに対して著者は「自分自身としっかり向き合う作業」が重要だとし、そのために「3つの円で考える」思考法を紹介しています。

まず、ノートを広げて1つめの大きな円を描きます。この円は、**「自分が人生で命をかけてやりたいことはなんなのか」**、すなわち、生きている間に絶対に成し遂げたいことです。

すぐには出てこないかもしれませんが、この問いを自分に投げかけ続けることが大切。

そして、心に浮かんだことがあったら、とにかく円の中に書いていくのです。重要なのは、「限りある生の時間」を意識すること。そうすることで、「自分はこういうことがやりたかったんだ」と再発見できる可能性が高まるからです。

2つめの円には「自分が世界一になれること」を書く

「世界一」といっても地図上の「世界」ではなく、いくつもの条件を掛け合わせることによってつくりあげる「世界」です。

たとえば、「コーヒーを世界一うまく淹れられる」→「スターバックスのバリスタのなかで一番」→「新宿のスターバックスのバリスタで一番」などと条件をしぼった「世界」です。ここで行っているのが、「条件の掛け算」。「バリスタ×スターバックス×新宿」と掛け合わせることで、自分が一番になれる「世界」をつくるのです。この方法を用いれば、誰でも「これなら一番」という「世界」を見つけ出せそうです。

3つめの円は「自分にできることで人に喜ばれること」

著者の場合は、「人の仕事の適性を見極めること」だそうです。これで3つの円で自分自身を考える作業が終わりました。次にこの3つの円を重ねてみると、重なり合う領域が現れます。「自分の人生をかけてやりたくて」「一番になれるくらい得意で」「誰かが喜んでくれること」であるそれこそが、自分の果たすべきミッションだということです。

Points

- ■「適していない時代」だからこそ挑戦の価値がある
- ■人生を3つの円で考える
- ■「自分の人生をかけてやりたくて」「一番になれるくらい得意で」「誰かが喜んでくれること」が自分のミッション

ひらめかない人のためのイノベーションの技法

篠原 信（実務教育出版）

（2020年刊行）

「独創的・創造的な仕事をしろ」と命じられることは、意外に多いものです。しかし、具体的にどうしたらいいかわからず、苦しんでいる人も多いはず。著者もまた、同様のことで悩んだ経験の持ち主。そこで本書では、「悩んでいた20代の自分が知りたかったこと」としてイノベーションの技法を一冊にまとめているのです。

CHAPTER 5「『マネジメント』によるinnovation」のなかから「アイデア実現のためのネゴシエーション力」に焦点を当ててみましょう。

アップルの創業者であるスティーブ・ジョブズは、天才と評されます。しかし著者は、ジョブズの才能は「ネゴシエーション（粘り強い交渉）」にあると考えているのだそうです。

たとえばジョブズの業績のひとつに、iTunesがあります。それまで音楽はレコードやCDを購入しないと楽しめませんでしたが、インターネットでダウンロードして小型のプレーヤーで楽しむという新たな仕組みに変化させたわけです。

iTunesとiPhoneを生んだ交渉力

しかし、iTunesを成功させるには、それまでの音楽業界の常識を崩す必要がありました。CDの売上で収益を上げるレコード会社に対し、ダウンロードの収益についての説明をねばり強く行った、つまり、**各社に対し新しい仕組みをネゴシエーションできたことこそが、成功の秘訣**だったのです。

同じことはiPhoneの開発にもいえます。技術的には日本メーカーが最初にスマホを開発していたとしても不思議ではなかったそうです。しかし、現実にはジョブズが最初でした。

ポイントは、その着眼点。ジョブズはiPhone開発にあたり、従来の携帯電話とまったく違う仕組みだからこそ、「説明書がなくても操作を直感的に理解できる」というわかりやすさにこだわり、つくり手に要請したのです。これもまた、ネゴシエーションといえます。

アイデアとネゴシエーションはセットでうまくいく

こうした事例を挙げたうえで、著者は、昨今の日本から画期的な商品やサービスが登場しづらくなっているのは、アイデア不足ではなく、ネゴシエーションやコーディネートを粘り強く続けられる人が不足しているからではないかと指摘しています。

たしかにイノベーションは、研究や開発に携わる人たちだけで実現できるものではないでしょう。**イノベーションの決め手は、粘り強くネゴシエーション（コーディネート）する調整役の存在。**これは、意識しておいて損のない視点かもしれません。

Points

- ■独創的・創造的な仕事に必要なのは「独創的な発想」だけではない
- ■ネゴシエーションやコーディネートなどの調整力が大事
- ■イノベーションはアイデア＋調整力でうまくいく

■「流行よりちょっと先」の感性を磨く

この章の冒頭で「センスは後天的に身につくものでもある」と述べましたが、そのことに関連し、「流行」について思うことも書き添えておこうと思います。

流行と聞くとファッションを思い浮かべてしまうかもしれませんが、当然のことながら出版の世界にも流行はあります。ビジネス書についてもそれはいえることであり、印象的なタイトルのついた本がベストセラーになると、同じようなタイトルの本が相次いで発売されたりします。

流行とはそういうものなので仕方がないのですが、個人的には「流行ってしまった時点で流行はおしまい」だと思っています。

流行りそうなものをキャッチするのが新しい人なわけで、「流行っているから気になる」とか「ランキングに入っているから優れているんだろう」などと感じる時点で、もはや周回遅れなのです。

ですからビジネスパーソンのみなさんも、「流行ったもの」ではなく、「流行りそうなもの」を感じ取れるようになるべきだと思います。などと偉そうに語れるほどの敏感さを僕が持ち合わせているわけではありませんが、それでも「空気を感じ取る」ことはとても大事だと考え、努力はしています。それは難しいことでもあるのですけれど。

しかもそこに「正解」はないのですが、僕は好奇心を持つことがなによりも大切だと思っています。いや、もともと「なんにでも好奇心を持たずにはいられない」性格であり、無意識のうちにそうしていたにすぎないのです。が、振り返ってみた結果、「それが役立っていたんだな」と改めて感じるのです。

好奇心を刺激するための具体的な手段のひとつとしては、人と話をすることが挙げられるのではないでしょうか。食事の席などで出た「いまってこういうムードだよね」というような話をキャッチして、「じゃあ次はこうなるのかな」と予測してみたり。そういう作業を繰り返さないと、読者の皮膚感覚から乖離していってしまうように思うのです。

lifehackerの視点

「その先」のことを感じるように意識する

文章を書く。デザインを考えたり、写真を選ぶ。企画を考える。私たちのようにコンテンツ制作を行う仕事では、表現力や直感的なセンスのようなものが問われるときがあります。右脳と左脳、なんていう言い方もしますよね。仕事のなかで、ロジックだけでは解決できない「感性」がちょっと必要になるというか。

この本でも紹介されている『直感と論理をつなぐ思考法 VISION DRIVEN』の著者、佐宗邦威さんも、ロジックだけではなく、感じる力や創造する力を持つことで広がる思考が未来をつくるとおっしゃっていました。

目の前にあるものだけではなく、その先にあるものを感じたり想像したりして表現する力。さらには未来を創る力……。未来を見とおしにくい時代だといわれる今だからこそ、想像力や未来を感じる感性を磨く必要があるのかもしれません。

第5章

ビジネス教養を磨く 1テーマ3冊

年々広がるビジネス教養

第5章では「ビジネス教養」を高めることを目的として、「歴史」「雑談力」「政治経済」「アート」「名著」「ドラッカー」「挑戦者たち」をご紹介します。

実は、年々裾野が広がっているのがこのビジネス教養というジャンルです。そのため、ここに挙げたもの以外にも、「印南敦史の毎日書評」では多くのビジネス教養関連書籍を紹介しています。

理由は至ってシンプルで、多くの人が「知らなかった」ことの多さに気づき始めていて、「学ばなければ」という気持ちが高まっているように感じるから。

ここ数年を振り返ってみても、新型コロナの感染拡大があり、ウクライナの戦争があり、世界は大きく変わりました。ところが僕たちはウイルスについてほとんど知りませんでしたし、ロシアとウクライナが何年も前から緊張状態にあったことを〝自分ごと〟として身近に感じたこともなかったように思います。そういう人はきっと多くて、つまりこの数年でたくさんの人たちが、「知らない」ことに気づいたのではないでしょうか。昨今の地政学ブームの背景にも、そうした流れの影響があるように感じます。

僕自身、「知らなかった自分」に気づき、すごく危機感を感じることがしょっちゅうあります。「いま、なんでこうなってしまっているんだろう」みたいなことや、「ここに至るまでのことで、本当は知っておくべきことがあったんだろう」ということについてくわしく知っておかないと、この先を見据えることができないという不安もあります。でも、同じように感じている人は決して少なくないと思うのです。

とはいえ、すべてを知るのは不可能でもあります。

だからこそ「印南敦史の毎日書評」では、〝いま、ビジネスパーソンが知っておくと安心できそうな教養、それでいてサラッと読めてわかりやすいもの〟を中心に紹介しているのです。本書で厳選した3冊は、まさにそういった本です。

天才たちの日課

クリエイティブな人々の必ずしもクリエイティブでない日々

メイソン・カリー 著、金原瑞人・石田文子 訳（フィルムアート社）

（2014年刊行）

161人の天才たちの習慣

「偉人たちが最高の仕事をするため、毎日どう時間をやりくりしていたのか」を簡潔にまとめたのが本書。興味深いのは、何時に寝て何時に食事し、いつ仕事をしていつ頭を悩ませていたかなど、「日常のごく平凡な事柄」に焦点を当てている点です。しかもモーツァルト、マルクス、ウディ・アレンなど、人選も幅広くユニーク。

たとえば、アイルランド生まれの画家フランシス・ベーコンは、無秩序を糧に生きていたようです。アトリエはひどい散らかりようで壁は絵の具で汚れ、床の上には本、絵筆、紙、壊れた家具の破片などが積み重なっている状態。「きちんと片づいた室内では、自分の創造性はなくなってしまう」と考えていたようなのです。

絵を描いていないときは、とことん快楽に浸ることも特徴のひとつ。一日に何度も豪華な食事をして大量の酒をあおり、刺激的なものにはすぐ手を出し、たいてい夜更かしをして、同世代の誰よりも派手に遊んでいたそう。しかし、夜更かしが続いても、夜明けとともに起き、5～6時間は仕事をして、正午には仕事を終了。そしてまた飲み続けるのです。二日酔いのときに仕事をするのが好きな理由は、「頭にエネルギーが満ちて、思考が冴えわたる」からだとか。

あの日本人作家も紹介

日本人では、作家の村上春樹も取り上げられています。長編小説を書いているときは朝4時に起き、5～6時間ぶっ通しで仕事をするというのは有名な話。午後はランニングか水泳をして（両方のときも）、雑用を片づけ、本を読んで音楽を聴き、21時に寝る。

「この日課を毎日、変えることなく繰り返します」。2004年の『パリス・レビュー』で村上はそう語っています。**「繰り返すこと自体が重要になってくるんです。一種の催眠状態というか、自分に催眠術をかけて、より深い精神状態にもっていく」**（97ページより）。

長編小説を仕上げるのに必要な期間ずっと書き続けるには、精神的な鍛錬だけでは足りない。それが村上の考え方。体力が、芸術的感性と同じくらい必要だというわけです。

ジャズ・クラブの経営者を経て、1981年にプロの作家としてデビューしたときに村上が気づいたのは、「作家らしくすわってばかりの生活をしていると、急激に体重が増える」こと。結果、妻とともに田舎へ引っ越し、酒の量を減らし、野菜と魚中心の食事に。そのときから始めた毎日のランニングは、25年以上続いているといいます。

「創造的な活動の周辺について書かれたものであって、成果について書かれたものではない」からこそ、「これは表面的で軽い内容の本だ」と著者は記しています。しかし、軽く読みやすいエピソードの端々に、私たちにも応用できそうなヒントがたくさん隠れているのです。

Points

- ■さまざまな「天才」たちの習慣について紹介
- ■ずば抜けた人たちの精神力の一端を感じられる
- ■天才たちの習慣のエッセンスを取り入れられそう

日本の神さまと上手に暮らす法

中村 真（ダイヤモンド社）

（2015年刊行）

「神さまの国」の魅力を再発見

著者は10代から20代にかけて世界中を旅していたため、日本の魅力について考えることなどなかったのだそうです。

放浪後は音楽やイベント関係の仕事に就いたものの、当然ながら宗教にも無関心。現在も、特定の宗教は持っていないのだといいます。

ところが、世界を見てさまざまなライフスタイルに触れるうち、「人間が幸せに暮らすための普遍的な価値」について考えるようになったのだとか。さらには環境問題に興味を持ち、エコロジー雑誌を発行し、ライフワークとして自然と暮らしのかかわりを追求していくうちに、日本の神さまの存在を意識するようになったようです。

そんな経緯を経てきた現在は、「日本の神さま」をちょっと意識することで、心の背すじがピンと伸びるそう。本書にも、**「日本の神さまとのつきあい」を日々に取り入れれば、本来の自分を取り戻すことができる**と記しています。

神社には2種類ある

著者は「あくまで個人的な考え」であると断ったうえで、神社は大きく分けて2種類あると述べています。それは「人を祀っている神社」と「自然を祀っている神社」。

「人を祀っている神社」とは、祖先崇拝。東京の原宿にある明治神宮は明治天皇、日光の東照宮は徳川家康など、どちらも「人／祖先」を祀った神社です。その他、「人を祀っている神社」には「祟り封じ」があります。この根底には、祟りを恐れる日本人の国民性があるのだそうです。

「自然を祀っている神社」は全国いたるところにあり、龍神や蛇神を神の使いとして信仰する神社が多いそうです。代表的なのは、和歌山の熊野。熊野三山は仏教色の濃い神社で、千手観音や菩薩も祀られているものの、もともとは熊野川、那智の滝、琴引岩をそれぞれ神とする別々の自然信仰だったといいます。そこに神道や仏教がまじり、現在の熊野三山になっているわけです。

そして、**人と自然の２つの「まじりあい」が、日本的なところ**だと著者。人と自然が一緒に祀られているケースもたくさんあるということです。そもそも神道自体が自然信仰と祖先信仰と農業信仰、仏教もまじって成立したものなので、曖昧さは多く見られるようです。

日常生活に神さまを取り入れる方法からお参りのマナーまで、アプローチがソフトでわかりやすい内容。読んでみれば、いつも通りすぎていた神社を身近に感じられるようになるかもしれません。

Points

- 日本の神さま、神社を意識することで本来の自分を取り戻す
- 2種類の神さまといろいろな宗教がまじりあって日本の神さまをつくっている
- その曖昧さこそが日本をつくっている

サクッとわかるビジネス教養

地政学

奥山真司 監修（新星出版社）

（2020年刊行）

地政学では、相手国を武力でなくコントロールできる

地球全体をマクロでとらえ、世界各国の動向を分析する「地政学」の重要度が増していると主張するのが、本書の監修者。

地政学とは、簡単にいうと「国の地理的な条件をもとに、他国との関係性や国際社会での行動を考える」アプローチです。

地政学の最大のメリットは、自国を優位な状況に置きつつ、相手国をコントロールする視点を得られること。「戦争で領土を奪う」というリスクの高い手段を用いることなく、「相手国から原料を安価で買う」など、経済的なコントロールを考えることが可能になるわけです。

バランス・オブ・パワーとチョーク・ポイント

そして**〝相手をコントロール〟するために重要な考え方が「バランス・オブ・パワー」と「チョーク・ポイント」**。

前者は、日本語にすれば「勢力均衡」。つまりは突出した強国をつくらず、国力を同等にして秩序を保つ国際関係のメカニズムです。1位の国が3位以下の国と協力することで、勢いのある2位の国を抑え込むなど、2位以下の勢力を均一化し、抵抗を不可能にするわけです。たとえば、「バランス・オブ・パワー」によって世界を制覇したのが大英帝国。イギリスは世界中の国と戦って勝利したのではなく、無敵艦隊を誇るスペインや、ナポレオンのいるフランスなど、ユーラシア大陸で強大な勢力が登場したときだけ、周辺国と協力しながら世界を制覇したのです。

そして「チョーク・ポイント」を知るためには、まず「ルート」を知っておく必要があります。ここでいうルートとは海の交通路「海路」のこと。現在でも大規模な物流の中心は海路であり、国家の運営においてルートは命綱です。そしてルートにつながる陸に囲まれた海峡や補給の関係で必ず立ち寄る場所が「チョーク・ポイント」。**世界に10か所ほど存在するチョーク・ポイントの多くを現在では米海軍が押さえています。**

また地政学には「**ランドパワー**」という概念があり、ユーラシア大陸の大陸国家、ロシア、フランス、ドイツなどが該当します。それに対する「**シーパワー**」は、国境の多くを海に囲まれた海洋国家のこと。日本、イギリス、大きな島国と見なされるアメリカなどがこれにあたります。

人類の歴史では、強力なランドパワーの国がさらなるパワーを求めて海洋へ進出し、自らのフィールドを守るシーパワーの国と衝突するという流れを何度も繰り返しています。つまり、大きな国際紛争は、常にランドパワーとシーパワーのせめぎあいだということです。

解説もわかりやすく、イラストや図版も豊富。そのため、地政学の基礎や世界情勢を無理なく理解できるはずです。

Points

- ■地政学の重要性が増している
- ■地政学で自国を優位な状況に置きつつ、相手国をコントロールできる
- ■国際紛争は、ランドパワーとシーパワーのせめぎ合い

元コミュ障アナウンサーが考案した
会話がしんどい人のための
話し方・聞き方の教科書

吉田尚記（アスコム）

（2020年刊行）

話しベタなアナウンサーが20年かけて蓄積したコミュニケーション術

著者は、人と話すのが苦手と自覚しながらアナウンサーとなり、20年にわたってキャリアを積み上げてきた人物。特筆すべきは専門家に会い、自身のコミュニケーション術について学術的な見解を取材したという事実。さらに、コミュニケーションが苦手な人たちと会って、「どんな悩みを抱えているのか」の聴き取りもしたのだそうです。

つまり、著者自身が得た技術、専門家の意見、コミュニケーションが苦手な人の経験を融合したのが本書なのです。

たとえば、こんなときは？

一例を挙げましょう。たとえば**会話のパスをうまく返せないときは、単純に相手のことばを「オウム返し」するといいそう。**返し方を考える必要はなく、相手の発言の一部、または全部を返せばいいというのです。最初は機械的でもOK。なぜならオウム返しには、相手の話に関心を示し、その先を聞きたいと聞き手に伝える効果があるから。

「この間、銀座に買い物に行ってきたんですよ」といわれたら、相手の発言にある「銀座」「買い物」などを手がかりに「オウム返し」をしてみるのです。「へえ、銀座ですか！」「へえ、お買い物ですか！」というように。慣れれば「なにを買ったんですか？」などのアドリブも自然に出てくることでしょう。

　簡単なのに、思っている以上に会話が成立するそう。返すことばはできるだけ、相手が意図的に使っていそうな固有名詞にしてみるといいようです。

疑問系で返答してみる

会話が続かないことは往々にしてあるものですが、そんなときは、疑問形で返答するのが有効だといいます。

　著者によれば「聞き上手」とは、「質問がうまい」という能動的なコミュニケーションスキル。そして質問上手になるための最初の一歩は、ひたすら相手に疑問形で聞き返すこと。うまい質問ができなくても、気の利いたことを聞けなくても問題なし。疑問形で返すことだけ頭に入れておけばいいというのです。

　会話を苦手だと考えている人ほど、実は相手に質問ができていないもの。しかし**質問し続けると、得られた回答から、次に聞きたいことが自然に生まれてくる**のです。

「きょうは朝からいい天気ですね」に対して「そうですね」と返せば、そこで会話は終わってしまいます。けれど、「お家の近くの天気はどうでしたか？」と疑問形で返してみれば、相手からなんらかのレスポンスがあるはず。つまり、質問から〝次〟を探り出せばいいのです。

「コミュニケーションはゲーム」であると著者はいいます。たしかに、ゲームと割り切れば苦手意識を克服できそうです。

Points

- ■著者が20年かけて学んだ知識やテクニックを紹介
- ■会話のパスをうまく返せないときはオウム返しや疑問系
- ■コミュニケーションはゲーム

なぜか聴きたくなる人の話し方

秀島史香（朝日新聞出版）

（2022年刊行）

コロナ禍の影響で、「人と会って話をする」ことが難しくなった結果、ラジオから聞こえてくる人の声に気持ちが救われることが増えた——。ラジオＤＪである著者は、そう指摘します。たしかに最近は、「ラジオを聴く人が増えた」という話を耳にする機会が少なくありません。でも、「声だけ」でなぜ心がほっとするのでしょうか。

それを知るために著者は、気づいたことをラジオの生放送で試したそう。そうやってトライ＆エラーを重ねた結果をまとめたのが本書なのです。

紹介されているのはプロの現場で生まれた話し方ですが、決して難しいものではなく、誰でもすぐ応用できるものばかりです。

ラジオで心がほっとする秘密は話し方

出演者が一方的に話をするラジオは、「聞いているだけ」なのに不思議と疲れません。著者によれば、それはＤＪの話し方がキモになっているから。つまり、リスナーの「聞きやすさ」を心がけているから疲れないのです。いいかえれば、**リスナーが「聞き流せる」余白が語りの中に意図的につくられている。**ゆったりとしたトーク番組、音楽番組、芸人さんがしゃべりまくる番組、ニュース番組など、さまざまなラジオ番組がありますが、程度の差こそあれ、「余白」をつくる工夫がされているということです。

ひとつの話は短く、余白を意識

ラジオの生ワイド番組の多くは、3時間を目安に構成されています。そこに話題を深く掘り下げるコーナー、気楽なフリートーク、メール紹介、交通情報、天気予報など、聞き手が気を抜いて休憩できる時間と、身を乗り出して聞きたくなるような時間が用意されているのです。

番組中、DJがずっと話しているように思えたとしても、実はひとりで話す部分は1テーマで3分程度。そのため、途中で聞き逃しても話を理解しやすく、話題はリズムよく変わっていくため飽きずに楽しめるのです。

したがって、**実際の会話でも相手に気持ちよく話してもらうためには「余白」を意識してほしい**と著者はいいます。

ポイントは、聞き手があいづち、質問、コメントができるような数秒の「息継ぎタイム」＝「会話の余白」をつくること。

難しそうに思われるかもしれませんが、まずは相手の表情を捉えつつ、いつもより「間」をつくりながら話すだけでいいそうです。たとえば、自分が話し終えたあと、相手に向かって小さくうなずくとか、沈黙を恐れずに相手がことばを発するのを笑顔で待ってもOK。

そうしてつくった余白のあとに「○○さんにもこういう体験ありますか？」などと話を向けてみると、会話のバトンを受け取った相手は、「私の番だ」と話を始めてくれるわけです。

Points

- ■ラジオDJが実践で得た「聞きやすい話し方」のテクニック
- ■話題は緩急をつける
- ■会話のなかに余白を意識する

超雑談力

人づきあいがラクになる　誰とでも信頼関係が築ける

五百田 達成
（ディスカヴァー・トゥエンティワン）

（2019年刊行）

雑談は「第3の会話」

たいていの人は雑談を「友だちや仲のいい人との、気を使わないおしゃべり」「仕事の場で円滑油となる大人のスキル」くらいに軽く考えているのではないでしょうか。しかし雑談とは、それらと異なる「第3の会話」なのだと著者はいいます。つまり、「微妙な間柄の人と、適当に話をしながら、なんとなく仲よくなる」とても繊細な会話の方式だということ。

だから**「雑談に適した話し方」をすれば、人づきあいが楽になるはず**。そこで本書では、雑談をうまくこなすための簡単なコツを紹介しているわけです。

上司とエレベーターで2人きりのときは、なんでもいいから話しかける！

たとえばエレベーターで上司と2人きりになるのは気まずいもの。しかし、だからといってそこで「話しかけられないように目を逸らす」のはNGです。いうまでもなく、それでは余計に雰囲気が悪くなってしまうから。

この場合の正解は、「自分から話しかける」だそう。とはいえエレベーター内での会話に明確な話題は必要なく、「なんでもいい」ようです。とくに意味のないやりとりをしているうちに、いつしか目的の階に到着してしまうからです。そして、ここに重要なポイントがあるのだとか。

大切なのは会話の中身ではなく、「積極的に声をかけ、雑談をした」ということ。それどころか、「無視をしなかった」というだけでもファインプレーとして評価できるわけです。

なお、もし余裕があってチャレンジが可能なのであれば、**「ほめる」「教わる」「お礼をいう」を実践することも大切。**

たとえば以下のように、会話のなかにこれら3つを挟み込めばいいのです。

自分「いつもかっこいいですね！（ほめる）」
上司「そんなことないよ」
自分「どこで洋服買われてるんですか？（教わる）」
上司「おお、今度、教えてやるよ」
自分「えー、ありがとうございます（お礼をいう）。じゃあ、失礼します」

たしかに、無内容な会話ではあるかもしれません。とはいえ無理に仕事の話を持ち出すよりも、こうしたさりげない会話のほうが、上司から好印象を持ってもらえるのだそうです。

本書ではこのような形で、シチュエーションごとの雑談法が○×形式で紹介されているため、要点を無理なく理解することができます。

雑談力は、身につけてしまえば一生モノだと著者はいいます。雑談が苦手な人、それ以前にコミュニケーションに苦手意識をお持ちの方は、参考にしてみてはいかがでしょうか？

Points

- ■雑談は微妙な間柄の人と、適当に話をしながら、なんとなく仲よくなる技術
- ■気まずいシチュエーションでこそ話しかける
- ■「話しかけた」事実が評価につながる

天皇制ってなんだろう？

あなたと考えたい民主主義からみた天皇制

宇都宮 健児（平凡社）

（2018年刊行）

改めて考える「天皇」という存在

２０１９年4月30日、第１２５代天皇である明仁が退位、新たに徳仁が即位して令和の幕開けとなりました。存命の天皇陛下が退位したのは、１１９代光格天皇（１７７１〜１８４０）以来約２００年ぶりです。

新天皇の即位で世間は盛り上がりましたが、とはいえ天皇制についての知識を持っている方は決して多くないのかもしれません。そこで、天皇制を知るために参考にしたいのが本書。

疑問を投げかける中学生と回答者とのやりとりを軸に会話形式で話が進められていくのですが、大人でも無理なく楽しめ、大切なことを学べる内容になっています。

たとえば気になることのひとつに、「そもそも天皇はどんなことをしているの？」という素朴な疑問があるのではないでしょうか。

天皇が行う「国にかかわること」は憲法に規定されています。国会の指名に基いて、内閣総理大臣を任命する（第6条1項）。内閣の指名に基いて、最高裁判所の長たる裁判官を任命する（第6条2項）。第7条で定められた「国事に関する行為」を行う、などがあるのです。

また、これら以外に、国事行為

ではないものの純粋に私的行為ともいえない「公的行為」が多数あります。ただし、そういったものは法令ではいっさい規定されていません。

天皇の多岐にわたる仕事の一部を紹介

宮内庁のホームページによると、内閣総理大臣および最高裁判所長官の親任式、国務大臣や最高裁判所判事などの認証官任命式をはじめ、**さまざまな行事が皇居で行われ、その件数は2017年中で約200件にのぼった**そうです。

また、雲仙《うんぜん》・普賢岳《ふげんだけ》噴火（1991年）、阪神・淡路大震災（1995年）、東日本大震災（2011年）の際には現地に赴いて犠牲者を悼み、被災者を慰め、救援活動に従事する人々を励ましています。

さらに1994年には、太平洋戦争の激戦地だった硫黄島、その他にもサイパン（2005年）、パラオ（ペリリュー島・2015年）、フィリピン（2016年）も訪問しています。こうして見ると、かなりのお忙しさであったことは想像に難くありません。ただし、こうした行為は憲法で定められていないため、議論もあります。

ここでご紹介した天皇の仕事はほんの一部であり、これだけで天皇制を理解できるはずはありません。また政治的信条などが絡んでくるため、内容の細部について著者の考え方に対する異論が出てくる可能性も否定できないでしょう。

しかし、「いろいろな考え方がある」という本質を認めることは大切。そうしたうえで、天皇制を知るための教材として、本書からは多くの学びを得ることができるのです。

Points

- ■天皇について改めて学ぶ
- ■国事行為と定められているだけでも年間に数百件
- ■憲法で定められている以外の仕事も多数

ゼレンスキー　勇気の言葉100

清水克彦（ワニブックス）

（2022年刊行）

ロシア・ウクライナ戦争で多くの人々の気持ちを鼓舞しているのが、ウクライナのウォロディミル・ゼレンスキー大統領。本書は、そんなゼレンスキー氏のことばをまとめた一冊です。

著者は、在京ラジオ局で全国ネットのニュース番組を統括している人物。これまでにも1989年のベルリンの壁崩壊を皮切りに、湾岸戦争、ソビエト連邦崩壊、ボスニア紛争、アメリカ同時多発テロ事件や米朝首脳会談など世界を震撼させた事件の多くを現地で取材してきた実績をお持ちです。

ただし今回はウクライナへの取材が叶わず、「ロシア問題の専門家への取材や現地に残る市民への電話取材だけでなく、大統領が発するメッセージに注目してみよう」と思い立って本書を執筆したのだそうです。具体的には、ウクライナの国民や軍を奮い立たせ、世界の主要国の議場を総立ちにさせてきた100のことばをピックアップ。5つに分類しつつ、それぞれに解説を加えています。

ここでは2つのことばをご紹介しましょう。

ゼレンスキーの言葉1

「私たちを見てほしい。不可能なことなど何もない」

（2019年4月19日　ウクライナ大統領選挙当選を受けて）

短いフレーズで、「相手が誰で、なにを求めているか」を理解して語る点において、ゼレンスキーはスピーチの王道を行っています。「私は絶対にあなたたちを失望させません」「私たちを見てください、不可能なことはなにもありません！」、大統領選挙に勝利した演説でも「短いセンテンスで強いことばを重ねる話法」で国民を鼓舞しているそう。

ゼレンスキーの言葉2

「私たちはここにいる」
（2022年2月25日　キーウ市内で閣僚らと自撮りをした動画）

ゼレンスキーが世界の注目を集めるきっかけになったのが、「私たちはここにいます。この国を守ります」ということばです。シンプルで強い意志が感じられるメッセージが、多くの人の心に響いたわけです。

「コメディアンや俳優という経歴の持ち主でもあるし、ロシア軍の本格的な攻撃が始まれば、首都キーウを捨てて逃げ出すのではないか」。ロシアのプーチン大統領のみならず、著者もまた最初はそう予測していたといいます。ところが彼は、アメリカ政府からの国外脱出の提案にも応じることなく、閣僚や側近たちとキーウの市街地で撮った動画を次々と配信しました。動画に込められたメッセージが、ウクライナの国民や軍だけでなく、多くの国々の市民の魂を揺さぶることになったのです。

要点を凝縮した本書を読むことで、ゼレンスキー大統領の人間性をより深く知ることができるかもしれません。

Points

- ■ロシア・ウクライナ戦争におけるゼレンスキー大統領の役割をその言葉から分析
- ■王道のメッセージで国民や軍を奮い立たせるゼレンスキー流のテクニックがわかる
- ■メッセージは短く、的確に

ぶっちゃけ、誰が国を動かしているのか教えてください
17歳からの民主主義とメディアの授業

西田亮介（日本実業出版社）

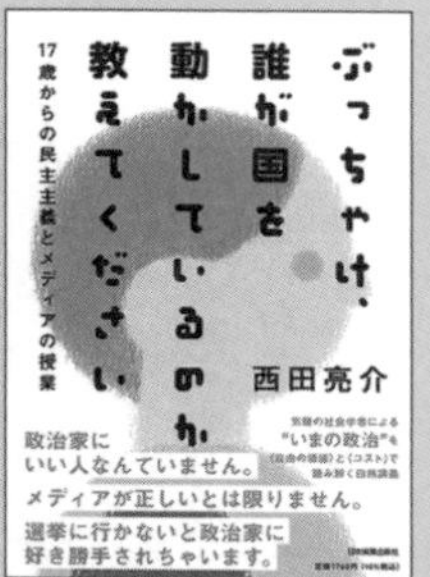

（2022年刊行）

本書は、素朴に政治とメディアを考えるユニークな一冊。政治入門の本はたくさんあるものの、政治とメディアの入門書は意外と少ないだけに、個性が際立っているのです。一問一答式になっているため、気になるところや興味を持てたところだけを拾い読みしてもＯＫ。

政治とテレビ、ＳＮＳの関係

ご存知のとおり、昨今は政党や政治家もインターネットでの発信に積極的です。いうまでもなく若い人に届けたいという思いがあるからで、インスタグラムやツイッター、ＹｏｕＴｕｂｅ、ＴｉｋＴｏｋなどが利用されているようです。

ところで選挙に際しては、「テレビが選んだ人」を選んでいる気がすることがあるのではないでしょうか？

だとすればそこには、「自分で選んでいる気がしない」という感覚も絡まってくるはず。このことに関しては、マスメディア報道ならではの特徴があると著者はいいます。

マスメディアは「有力候補」の主張を中心に取り上げ、報じていきますが、そこにはメディアの都合が関係しています。

取材に割くことができる記者の数は限られ、最近は記者も減り続けています。しかもテレビも新聞もネット向けに記事を出

していかなければならなくなっています。すると、どうしても、**まずは有力候補者の動向や発言を追うことが中心になってしまう**のです。

テレビが強化してしまう「現職有利」の雰囲気

さらにはもうひとつ、新聞やテレビの場合は〝尺（紙面のスペースや放映時間）〟の制限があることも問題。そのため、政党の公認を受けている、支持を受けている、あるいは現職である人などを「有力候補」として位置づけてしまいがちで、必然的にそういう人たちの動向が中心になっていくわけです。

一方、それ以外の人たちは「泡沫《ほうまつ》候補」と呼ばれ、視聴者数の多いマスメディアにはあまり取り上げられません。

これはやむを得ないことでもあるのですが、これから政治の世界に入っていこうとする新人候補にとっては不利な状況。組織の支援を受けていない無所属の候補者にとっても、やはり不利になるでしょう。

つまり**政治の世界では、「現職有利」をメディアが強化している側面がある**のです。

いまや若い層の情報収集源はインターネットですが、とはいえテレビの影響力はいまでも相対的にとても大きいもの。ひとつのテレビ番組が持っている視聴者数は、まだまだ無視できない規模なのです。

だからこそ、〝多様な「偏り」こそ人間性の源〟であるという考え方に基づき、なるべく複数の議論を紹介しつつ、積極的に特定の立場を表明している本書は役立つはずです。

Points

- 政治家のSNS利用は「届けたいこと」があるから
- テレビの選挙報道は、どうしても「現職有利」
- 多様に偏るために知識を得る

ビジネスの限界はアートで超えろ！

増村岳史
（ディスカヴァー・トゥエンティワン）

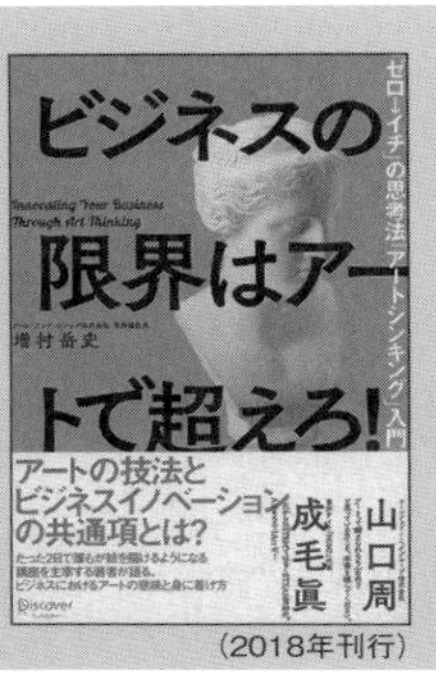

（2018年刊行）

MFA（美術学修士：Master of Fine Arts）を持っている人は右脳と左脳を統合してバランスよくものごとを考えられるため、複雑で変化の激しい今日のビジネス環境で需要が高まっているのだそうです。**全体を直感的に捉えることができ、独自の視点で問題を発見し、創造的に解決する力の重要性が高まっている**のでしょう。

こうした考えを軸として、ビジネスとアートの相互関係について探っているのが本書。

アートの歴史＝イノベーションの歴史

ビジネスにおけるイノベーションとは、「革新的な製品やサービスを生み出す新たな価値の創造」と理解できます。一橋大学大学院の楠木建教授は、「イノベーションとは、単に新しいことをやるのではなく、思いつくか思いつかないかの問題であることが多く、イノベーションの本質は非連続性にある」と述べているそう。そして、アーティストは日常的に、このイノベーションを実践しています。いいかえれば、**アートの歴史はイノベーションの歴史なのです。**

例を挙げましょう。世界でもっとも有名な画家のひとりであるピカソは、芸術が持つ価値そのものを大きく変革したアーティストです。絵画表現そのものを「スクラップ・アンド・ビルド」してしまったという意味です。

ピカソ以前の絵画は、風景画であっても人物画であっても、対象を再現することを教義としていました。印象派の画家たちは、「自分が感じたこと、思ったこと」を表現し、風景画であれば遠近法に則っていました。人物画も人体の構造を逸脱することはありませんでした。

ところがピカソは、その常識を覆してしまったのです。

たとえば、人の顔の正面と横顔を同時に見ることはできません。しかし、ピカソの抽象画には、正面と横顔が同じ画面上に描かれています。つまり彼は、従来の視覚の論理を分解・断片化し、再構築したのです。

ピカソが壊したもの＝西洋美術の根本原理

ピカソは、「視覚様式の革命」によって絵画そのものを新しい次元に置き換え、ルネサンス期に完成された西洋美術の根本的な論理を破壊してしまったわけです。いいかえれば、絵画の連続性を止めてしまったのです。

世界初のキュビズム作品であるピカソの「アヴィニヨンの娘たち」は美術界を震撼させました。多くの人は、いままでにない物事に触れると、強烈な拒絶反応を起こすものだからです。しかし、それから5年もしないうちに、キュビズムは新たな表現手段として、絵画、彫刻、工芸などに影響を与えるようになりました。

たとえばこのように、本書ではアートとビジネスの関係性がわかりやすく解説されています。両者についてより深く知るために、ぜひ参考にしたいところです。

Points

■アートの知識はビジネスに役立つ
■アートの歴史はイノベーションの歴史
■西洋美術の原理を根本から変えたピカソ

生物学的に、しょうがない！

石川幹人（サンマーク出版）

（2021年刊行）

「生物学的にしょうがない」

「人間だって動物なんだから」。

進化心理学者である著者は、そう考えることで多くの悩みが解消できると主張しています。

「同じ人間なのだから、きっとできるはずだ」「努力を重ねれば誰でも絶対に達成できる」などというのはナンセンス。

そういえるのは遺伝子の影響力を知らないからであり、だからこそ遺伝子がもたらす個人差の現実について、もっと認識すべきだというのです。

そうした考え方に基づき、本書では「生物学的にがんばってもしょうがない」代表的な51項目を紹介しているわけです。

人前で話したくないのは当たり前

「人前で話したくない」と感じることはあるものですが、それは決しておかしいことではなく、生物学上の根拠があるのだそうです。聴衆のなかに「オオカミなどの捕食者がいるかもしれない」と感じてしまう、動物としての根源的な恐怖が原因なのだとか。

著者が大学の１００人規模の大教室で近くにいる生徒を指して「質問は？」と聞くと、とても嫌がられるそうです。

一方、高校に出前授業に行くと、多くの生徒が次々と質問してくるのだといいます。なぜ、そんなに大きな差が出てしまうのでしょうか。

端的にいえば、高校の教室はいわばシカたちの和気あいあいとした集まり。一方、大学の教室は〝シカたちの背後にオオカミが潜んでいるかもしれない危険な場所〟だということ。私たちは、実際のところ近くにオオカミは潜んでいないと確信しています。しかし、見知らぬ誰かに攻撃されるかもしれないという警戒心は、なかなか拭えないのが本能。

つまり人間は、それほど警戒心が強いからこそ生き残ってこられたということです。

生物学的な変異が進化の原動力

人前で話すことを苦手としない人がいるのも事実ですが、そういう人は「見知らぬ人への警戒心がそもそも弱いタイプ」か、もしくは「人前で話すのに慣れた人」。

前者は、生物学的な突然変異。遺伝情報が子孫へ伝達されるときにたまたま生じたコピーミスで、進化の原動力でもあるのだそうです。ところが自然界では、捕食者に真っ先にとって食われては生き残れません。とはいえ人間社会ではそうした危険はなくなってきたため、少数ながら生き残っているわけです。

「がんばってもしょうがないこと」と「がんばればどうにかなること」の分岐点で迷わなければ、それはきっと個性になるはず。

「どうしてできないんだろう？」と悩んできた方は、本書を読むことで感じ方や考え方を変えることができるかもしれません。

Points

- ■「努力を重ねれば達成できる」はナンセンス
- ■「嫌だと思うこと」には進化上の理由がある場合も
- ■がんばってもしょうがないことは個性

「自分だけの答え」が見つかる
13歳からのアート思考

末永幸歩（ダイヤモンド社）

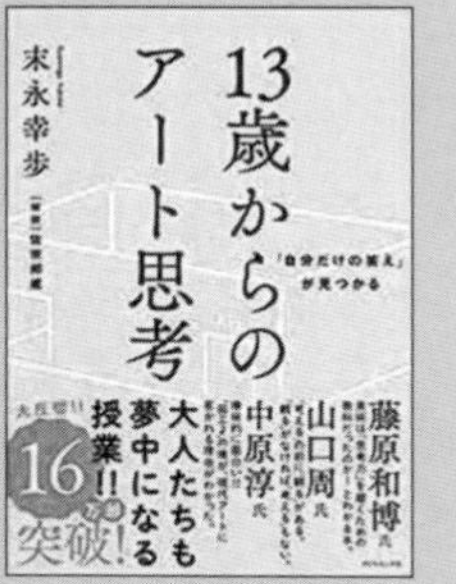

（2020年刊行）

アート思考とはなにか

大人の学びの世界において「アート的なものの考え方＝アート思考（Art Thinking）」が見なおされている——。

そう指摘する著者は、国公立の中学・高校で美術科の教師をしている人物です。

なお、この段階で意識しておくべき重要なポイントがあります。それは、**「作品のつくり方」ではなく、その根本にある「アート的なものの考え方＝アート思考」を身につけることこそが、授業としての「美術」の本来の役割**だということ。

そして、そういう意味で「美術」はいま「大人が最優先で学びなおすべき科目」であると著者は考えているのだそうです。

ここでは、「ふだん行っている授業をバージョンアップさせた体験型の書籍」であるという本書のなかから、「［ORIENTATION］アート思考ってなんだろう」に目を向けてみることにしましょう。

アート思考はアーティスト以外の人にも役立つ

アート思考について、著者は次のように説明しています。

「単純化していえば、アート思考というのは、アートという植物のうちの地中部分、つまり『興味のタネ』から『探究の

根』にあたります。ちょっとかしこまった定義をするなら、アート思考とは『自分の内側にある興味をもとに自分のものの見方で世界をとらえ、自分なりの探究をし続けること』だといえるでしょう」（39ページより）。

そう聞いて、「私は別にアーティストになりたいわけではないし、才能があるわけでもない」と感じる方もいらっしゃるかもしれません。しかしアート思考は、画家や彫刻家など狭義のアーティストを目指す人のためのものでもなければ、デザイナーのようなクリエイティブ関連の仕事に就きたい人のためだけのものでもないそうです。

ましてや、生まれ持った才能やセンスに依存するものでもないようです。

ビジネスだろうと学問だろうと人生だろうと、結果を出したり幸せを手にしたりできるのは、「自分のものの見方」を持てる人。つまり**アート思考とは、その「自分のものの見方」を手に入れるための考え方**なのです。

また、いまの時代、もはや「これさえやっておけば大丈夫」「これこそが正しい」といえるような「正解」はほとんど存在しないといっても過言ではありません。そんな時代を生きることになる私たちこそ、アート思考が必要だと著者はいうのです。なぜなら、**アート思考が探究の末に導き出す「自分なりの答え」は、そもそも形が決まっていないものだから。見る人や時間が違っていれば、どうとでも変化するということ**です。

Points

- ■アート思考でアート的なものの考え方が身につく
- ■「ひとつ」ではない正解を考える力がつく
- ■未来予測が困難な時代を生き抜くスキル

カーネギーの『人を動かす』から学んだ自分と他人を変える力

箱田忠昭
（クロスメディア・パブリッシング）

（2015年刊行）

カーネギーに学んだ「人前での話し方」5大ルール

本書の著者は母親から虐待され、大学入試にも失敗し、ハードな経験を積み重ねていった結果、人づきあいが苦手な「コミュ障」になってしまったのだそうです。社会に出てからもうまくいかず、性格もすさんでいったのだとか。

しかしそんなとき、友人がくれたデール・カーネギーの『人を動かす』を読んだことで、運命が大きく変わります。

現在は、カリスマインストラクターとして活躍しているようですが、そんな自分があるのは、すべてカーネギーの教えのおかげなのだとか。そこで本書では、カーネギーの考え方を自身のことばに置き換え、体験談を絡めながら解説しているのです。

ところで著者いわく、「人前での話し方」には5大ルールがあるそう。それはスピーチやプレゼンだけでなくコミュ障対策にも使えるルールであるようです。

●ルール1「話は具体的であれ」

大学の授業がつまらなくても、教授の雑談は意外におもしろいことがあります。個人的なエピソードやただの裏話は、具体的だからこそおもしろいのです。したがって、**仕事でスピーチをする際にも、必ず具体例を**

多く入れるべきだと著者は強調しています。

●ルール2「細部描写をできるだけ明確に話す」

実例を出す場合に注意しなければならないのは、あれこれと内容を盛るのではなく、ひとつの出来事に絞ること。大切なのは、5W1Hを明確にし、その状況を再現すること。細部描写を明確に、くわしく話すことにより、人を引き込むことができるのです。

●ルール3「感情をそのまま出して話す」

スピーチとは、人と人との心の交流です。人は相手の人間的な側面を垣間見たときに親しみを感じ、共感するのです。つまり大切なのは、**自分を素直に、ありのままにさらけ出すこと。**

●ルール4「普段のことばで話す」

ポイントは、やさしいことばで話すこと。丁寧でありながら、使い慣れた会話体で話すべきなのです。たとえば「本日は」とはいわずに「きょうは」と表現するなど。堅苦しいことばではなく、普段の話しことばを使ったほうがいいということです。

●ルール5「1対1で座談するように話す」

たとえ**何百人を相手にしたスピーチであったとしても、自分の大事な人に話しかけるように話すことが重要。**『聴衆に話しかけるな！　ひとりひとりと対話するつもりで話せ！』といつも心に刻んでおいてください」と、著者はまとめています。

Points

- ■カーネギーの教えによって人生が変わった著者による「話し方」のテクニック
- ■具体的に、細部描写をしながら話す
- ■普段のことばで1対1で話すように話す

こうやって、考える。

外山 滋比古（PHP文庫）

（2021年刊行）

著者はお茶の水女子大学名誉教授、評論家、エッセイスト。東大生のバイブルとして有名な『思考の整理学』をはじめ、多くの名著を残されています。本書は、これまでに発表してきた著作のなかから、「発想力を鍛えるための150のヒント」を厳選してまとめた一冊。ここでは、実際に紹介されているフレーズをご紹介しましょう。

思考について

「ものを考えるのは、朝、目覚めてからの短い時間がいい。よく眠ったあとの朝は気分爽快で、頭の中の様子はわからないが、夜、寝る前よりは、きれいになっているにちがいない。そこで考えたことが、一日中でベストであると決めた。」（54ページより）

著者はもともと、夜になってからものを考えようとしたことはなかったのだとか。

しかし考えごとを朝にするようになってからは、「一日中、着想を求めていたのは、少し不自然である」と考えるようになったそうです。

知識について

「知識は有力であり、適当に使えば知識は『力』であるけれども、困ったことに、知識が多くなると、自分で考えることをしなくなる。知識があれば、わざわざ自分で考えるまでもないは

ず。知識を借りてものごとを処理、解決できる。知識が豊かであるほど思考力が働かない傾向にある。」（55ページより）

極端ないいかたをすれば、知識の量に反比例して思考力が低下するということです。たしかに、納得できる考え方ではないでしょうか？

なお、知識や思考については、次のようなフレーズも紹介されています。

「いい考えが得られたら、めったなことでは口にしてはいけない。ひとりであたためて、寝させておいて、純化をまつのが賢明である。」（59ページより）

話すことについて

「話してしまうと、頭の内圧が下がる。溜飲を下げたような快感がある。すると、それをさらに考え続けようという意欲を失ってしまう。あるいは、文章に書いてまとめようという気力がなくなってしまう。」（59ページより）

「しゃべる」ということ自体がすでに立派な表現活動であるため、しゃべってしまうとそれで満足してしまうということです。だからこそ、あえて黙って、表現に向かっての内圧を高めなくてはならないのです。

このように本書では、発想力や思考力から生活に至るまでのさまざまなトピックスが、1ページ1項目でコンパクトにまとめられています。どこからでも読むことができるだけに、気軽にページをめくってみれば予想外の金言と出会えるかもしれません。

Points

■ものを考えるのは朝がいい
■知識がありすぎると考えることをしなくなる
■しゃべると考え続ける意欲が減る

苦しかったときの話をしようか
ビジネスマンの父が我が子のために書きためた「働くことの本質」

森岡 毅（ダイヤモンド社）

（2019年刊行）

サブタイトルからも推測できるように、プライベートな事情のなかから本書は生まれました。マーケターである著者が、将来について「なにがしたいのかわからない」と悩む娘を見て、「将来や仕事を考える際のフレームワークを書き出しておこう」と考え、書きためた原稿が軸になっているのです。

「ある日突然できなくなった」著者の実体験

著者は最初の就職先であるP&Gに入ってから2年目の夏、物理的に電話が取れなくなったのだそうです。電話が鳴るとドキドキし、頭が真っ白の思考停止状態になって、汗が出て、電話を取ろうとしても手が動かなかったのだとか。

いまでこそ理由を理解できるものの、当時は本当にわけがわからなかったのだといいます。当然ながら、そんなことになったのは人生ではじめてだったから。

あとから振り返ると、原因はハードワークを重ねていたこと。さまざまなプロジェクトの期日がどんどん迫ってくるのに、ロクな提案を生み出せないという焦りもあったようです。プロ意識の高い職場のため、新人かどうかなども関係なく、上司はもちろん他部署からも怒られます。そんなことが続いているうちに、萎縮して電話に出られなくなってしまったわけです。

そこで著者は上司に、「自分は粘り強く長時間働くのが性に合っておらず、仕事とプライベートのオンとオフを明確に区分けし、働くときは時間を決めて集中して働きたい」と直談判します。残業や休日出勤もがんばってきたものの、体調がおかしくなってきたことも伝えました。

すると上司から返ってきたのは、「うん、もちろんだよ。自分に合ったスタイルで働かないと、仕事自体はきついのだから身体がもたないよ。なんだ、君も僕と似たスタイルなのだと思っていた。どうしてもっと早くいわなかったの?」という静かな反応。それ以降は、自分にどのような働き方が合っているのかを考え、自分らしく働くスタイルへと転換することができたのだそうです。

「新人」が「いちばんできない人間」になることは避けられない

入社したての新人は、自分が相対的に社内で「いちばんできない人間」になるもの。それは誰にとっても避けられないことです。

だからこそ、**仕事で潰れないためには肩の力を抜き、最後尾からスタートする自分をあらかじめイメージして受け入れておく必要がある**のです。そこから努力を積み重ねられるかどうか、それを問える自分であればいいのだから。

大切なのは、「できない自分」ではなく、「成長する自分」を認めること。著者は、ひとりでも多くの人に、そのことに気づいてほしいと願っているそうです。

Points

- ■「なにがしたいのかわからない」ときにおすすめ
- ■会社に合った働き方ではなく、自分に合った働き方が大切
- ■「最初はできない」からこそ「できない自分」を認める

ドラッカーとオーケストラの組織論

山岸淳子（PHP新書）

（2013年刊行）

一般的な縮度で考えてみれば、有名な経営学者のピーター・ドラッカーとオーケストラとの間には、なんの接点も見出せないかもしれません。しかし、音楽の聖地・オーストリアのウィーンで生まれたドラッカーにとって、音楽はとても大きな意味のあるものだったよう。ドラッカーとオーケストラに焦点を当てた本書を読めば、そのことが理解できるはずです。

経営管理者はオーケストラの指揮者

まず第一章では、音楽とドラッカーとの関係性がわかりやすく示されています。具体的にいえば、さまざまなビジネスに応用できそうなのが、1954年の著作『現代の経営』です。

「経営管理者は、部分の総計を超える総体、すなわち投入された資源の総計を超えるものを生み出さなければならない。例えていうならばオーケストラの指揮者である。指揮者の力、ビジョン、リーダーシップによって、単に音を出すにすぎない楽器が生きた総体としての音楽を生み出す。しかし指揮者は作曲家の楽譜を手にする。指揮者は、いわば翻訳家である。経営管理者は、指揮者であるとともに作曲家である。」（26ページより）

この文章は見事に、組織と経

営者、そして雇用者との関係性をいい表しています。経営管理者が指揮者にたとえられているのですが、これが60年近くも前に書かれたとは驚きです。

組織内コミュニケーションとオーケストラ

また、1988年にドラッカーが発表した論文『情報が組織を変える』では、組織内コミュニケーションも情報に基づいて行われることをオーケストラを例に挙げて示しています。

「オーケストラは、さらに多くのヒントを与えてくれる。時には、数百人の音楽家が同時に演奏する。組織理論によれば、楽器のグループごとに、グループ担当副指揮者が必要であり、その下に、楽器ごとの楽器担当副指揮者が必要である。」

「情報化組織における主役は、専門家であって、トップ経営者でさえ仕事の仕方については口出しができない。指揮者はある楽器の演奏方法が分からなくても、その楽器の奏者の技術と知識を、いかに生かすべきかを知っている。これこそ、あらゆる情報化組織のリーダーが身につけるべき能力である。」

この部分もまた、組織における経営者の立場をわかりやすく浮き上がらせているといえるでしょう。

本書が評価に値するのは、とかく難しいと思われがちなドラッカーの理論を親しみやすく感じられるから。もちろんそれは、音楽を媒介しているからにほかなりません。

ドラッカーに興味のある方にも、純粋な音楽ファンにもおすすめの一冊です。

Points

- ■ドラッカーの経営理論がオーケストラを通して学べる
- ■経営管理者は指揮者
- ■情報化組織のリーダーが身につけるべき能力もまた指揮者の能力

※現在電子書籍のみ発売中

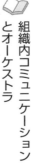

われわれはいかに働き どう生きるべきか

ドラッカーが語りかける毎日の心得、そしてハウツー

P.F.ドラッカー 述、上田惇生 訳
（ダイヤモンド社）

（2017年刊行）

対話でわかるドラッカー

ドラッカーに関する著作は少なくありませんが、本書は少しばかりタイプが異なるようです。ポイントは、ドラッカーにマネジメントの極意をテープに吹き込んでもらうという「対話形式」になっている点。「マネジメントとはイズムでなく、サイエンスでなく、実践である」と何度も説いたドラッカーの考え方に基づいた対話なのです。

生き生きと働くために

ドラッカーが強調するのは、**生き生きと働き、最前線で活躍し続けることを、もっとも重視しなければいけない**ということ。

しかし問題は、仕事の変化が急になったことではなく、定型的な仕事が多すぎることにあるのだそう。そのため、仕事は疲れ、飽き、眠くなるのです。

「仕事で生き生きできなくなったら、どうすればよいでしょうか」という問いに対してドラッカーは、「そのとき、仕事しかなければ問題だ」と答えています。

そして、ここで転職の必要性が挙げられます。**再び栄養を吸収するためには、自らを新しい環境に植え替えることが重要であると。**

例示されているのは、玩具メーカーの市場調査部の部長が45

歳になったときのケース。部長になって16年、環境を変えるべきタイミングだということです。

そこで、「地域の病院協会の市場調査部長に転職してみてはどうか」とドラッカーは提案します。玩具メーカーと病院ではだいぶ違うように思えますが、病院も、市場調査を必要としますから、使うスキルは同じ。

にもかかわらず、そのような転職をする人は、まだ少数派です。なぜなら、中年のマネジャーは、基本的に臆病だから。なにかと理由をつけて、ためらってしまうわけです。

また、そんなときこそ必要なのは、「居場所が違うのではないか」といって背中を押してくれる友だち、上司、家族ではないかともいいます。

仕事の挫折の支えになるものを持つ

仕事を中心に年齢を重ねていけば、挫折や失意があって当然です。しかしそんなとき、心の支えとなるのが**「仕事以外のものへの関心」**。たとえばデュポンの第10代目経営者であるグリーンワルトはハチドリの研究家であり写真家でもありましたが、彼がカメラ片手に追いかけたハチドリの写真は、結果的に学者、画家、ミュージシャンのコミュニティを運んできてくれました。仕事以外のことが、別の世界を広げてくれたのです。
ドラッカーいわく**「われわれは、個を大事にするなにかを必要とします。仕事の外へのなにかとなるのは、明らかにそのなにかとなるでしょう」**。これは、仕事と、それ以外のなにかを両立させているすべての人にいえることではないでしょうか?

Points

- 生き生きと働き、最前線で働き続けることを重視する
- 生き生きと働くための栄養を得るには転職も有効
- 仕事以外のものへ関心を待つ

ドラッカー5つの質問

山下 淳一郎（あさ出版）

（2017年刊行）

「われわれの事業」はどうあるべきかを問う5つの質問

本書の冒頭には、成功している企業とそうでない企業の違いに関する、ドラッカーのことばが引用されています。

「成功を収めている企業は、『われわれの事業はなにか』を問い、その問いに対する答えを考え、明確にすることによって成功がもたらされている」（『現代の経営』）（「まえがき」より）

「われわれの事業を問う」とは、わが社の事業はどうあるべきかを徹底的に考え抜き、わが社のあるべき姿を明らかにすること。そして、経営者のそんな仕事の助けとなってくれるのが本書なのです。ここには経営者が「考えるべきこと」「決めるべきこと」「行うべきこと」が、問いかけの形でまとめられています。

また本書では、経営理念、ミッション、そしてビジョンの違いをも明確に定義しています。その違いは次のとおり。

- **経営理念とは「わが社の社会に対する根本的な考え」**
- **ミッション（使命）は「わが社が社会で実現したいこと」**
- **ビジョンは「わが社のミッションが実現した時の状態」**

（43ページより）

いわば経営理念は想いであり、ミッションは行動であり、ビジョンとは結果だということ。鮮明に描かれた想いがあって、具体的な挑戦と献身的な行動があるのです。そしてその向こうに、理想的な状態があるわけです。

経営理念のNGワード

著者は読者に対して、「御社はどんな想いで事業をしているのか。御社の経営理念は『わが社の社会に対する根本的な考え』がいい表されているかどうか」と問いかけています。そして、この機会に経営理念を検証することをすすめ、同時に経営理念のNGワードも紹介しています。それは次のようなものです。

「社会に貢献する」
「お客様に貢献する」
「お客様第一」
「企業価値を高める」
「社員を幸せにする」

これらは、経営理念をいい表すことばとしては不適切だというのです。なぜなら、この世のすべての会社に当てはまる内容にすぎないから。

本来、経営理念とは、「わが社はなぜ社会に貢献したいのか」「わが社はなぜお客様のお役に立ちたいのか」「わが社はなぜお客様を幸せにしたいのか」など、固有の考えをはっきりさせるものだからです。

「ドラッカー5つの質問」は思想ではなく、行動を決定するものだと著者はいいます。そのため、本書は概念論の解説ではなく、「なにを決めなければならないか」に重点を置いているのです。

Points

- ■成功している企業は「われわれの事業」の答えを持っている
- ■固有の想いと行動の先に理想的な状態がある
- ■「固有の事業」の経営理念も固有であるべき

行こう、どこにもなかった方法で

寺尾 玄（新潮社）

（2017年刊行）

著者は、驚くほど純粋で愚直で不器用です。しかし、だからこそ心に強く訴えかけてくるものがあるのです。そんな彼は従来の価値観に縛られない家電メーカー、バルミューダの代表取締役。

「私たちの未来に起こることで、唯一確実なものは、私たちが死ぬということだけである。この一点だけが私たちに約束されたものであり、それ以外は全て可能性なのだ」（67ページより）

著者がこう考えるきっかけとなったのは、中学生時代の母親の死でした。そして10代後半で、自分の将来を決めることに疑問を感じて17歳で高校を中退。約1年をかけ、スペインを中心にヨーロッパをひとりでまわる「粗い計画」を実行します。17歳にして単身で海外を放浪した経験は、「自分は生きていけるという自信」を著者に植えつけることになりました。

そして18歳になると、新たな目標を定めます。それは、「ロックスター」になること。きっかけは、アメリカを代表するロックン・ローラー、ブルース・スプリングスティーンの歌詞に感動したことでした。

自分を「天才」だと信じてロックスターを本気で目指したというのですから、大人の多くは「なにを甘っちょろいことを」

と感じるに違いありません。ところが、彼は事務所との契約を勝ち取り、メジャーデビュー寸前までたどり着きます。けれど、夢に近づいたり遠ざかったりを繰り返しながらも、最終的には挫折。音楽の道に見切りをつけざるを得なくなりました。そこで著者は、さまざまな思いを巡らせるなかで新たな目標を見出します。それが「ものづくり」です。

驚くべきは、基礎的な知識も持たないまま、すべてを自分でやろうと考えて行動に移してしまったこと。

なんの疑問を抱くこともなく町の工場に飛び込んで頼み込み、設計、製造を独学で習得したのです。常識的には考えられないことですが、そもそも常識という概念が著者のなかにはないのです。つまりそれこそが、バルミューダの可能性なのでしょう。

とはいえ本書における著者は、最終章まで進んでも、なかなかハッピーエンドにたどり着きません。というより、「いつ倒産してしまうのか？」という状態が最後の最後まで続きます。外からは華やかに見えるけれど、実際に映し出されるのは、ギリギリの戦いを続ける姿。つまり、現在もまだ著者とバルミューダは発展途上にあるということです。

そしておそらく、本書が伝えようとしているのは、そんな事実が持つ「可能性の価値」です。

性格が熱かろうが醒めていようが、夢があろうがなかろうが、なんらかの形で「どう生きるべきか」を模索しているのであれば、本書を読んでみるべきです。

Points

- ■バルミューダ創業者の半生記と創業記
- ■常識に捉われない、なんにでも挑戦する
- ■華やかに見えても現在進行形でぎりぎりの挑戦を続ける

世界で最もSDGsに熱心な実業家
イーロン・マスクの未来地図

竹内一正（宝島社）

（2021年刊行）

世界で最もＳＤＧｓに熱心な実業家

ＳＤＧｓとは〝Sustainable Development Goals（持続可能な開発目標）〟の略称。国連に加盟する１９３か国が、２０１６年から２０３０年の間に達成するべく掲げた目標であり、世界中の多くの企業が実現に向けて動き出しています。

著者いわく「イーロン・マスクは世界で最もＳＤＧｓに熱心な実業家」だそう。そこで本書では、イーロン・マスクの２０１５年から現在にいたる事業の先進性や成果、ＳＤＧｓにかかわる取り組みについて、わかりやすく解説しているのです。

２００８年、テスラ社が出荷できたロードスターはわずか27台でした。さらに「テスラ社は銀行に９００万ドル（約９億円）しかキャッシュがない」という記事が出たため、世間の人々は「テスラはもはやこれまで」と考えていました。

ところがイーロンは、「ロードスターの出荷も予約金も、私が保証する」と宣言。そして「私はこれまでもこれからも決してギブアップしない。息をしている限り、あきらめない」と啖呵を切りました。**危機に直面した際の振る舞いによってリーダーの資質は決まります。**このように堂々としているからこそ、イーロンの周囲には優秀な人材が集まってくるのでしょう。

必ずゴールを達成する意志と「あきらめない」継続性

「目指すゴールはとてつもなく野心的だが、私たちは実現する」。これはスペースXのサイトに掲げられていたイーロンのメッセージです。前文には**「スペースXは、人々が不可能だと思うミッションを成し遂げる会社だ」**とあります。

事実、「民間企業に宇宙開発は無理」「宇宙開発は国家がやるべきものだ」と非難されるなかで国際宇宙ステーションに宇宙飛行士を輸送し、ロケットの再利用に成功しています。スペースXは人々が不可能だと考えるミッションを実現してきました。不可能に挑戦するこうした姿勢こそ、イーロン・マスクの魅力なのかもしれません。

イーロンがEVと宇宙ロケットという新しい舞台を選んだことは、多くの人々の予想を超えるものでした。彼は確実に業績を積み上げ、栄光を手にしました。そのことについて著者は、**「イーロンは新しい舞台を選んだからこそ、ここまでの飛躍ができたのかもしれない」**と綴っています。

本編では、イーロン・マスクの人物像をはじめ、世界一の富豪としての側面、さらには人類火星移住計画「スペースX」、完全EV化を実現した自動車「テスラ」、エネルギー革命「ギガファクトリー」といった取り組みの要点が簡潔にまとめられています。イーロン・マスクの視点を通じ、地球の未来を見据えられるようなつくりになっているのです。

Points

- ■イーロン・マスクの偉業をSDGsの視点で読み解く
- ■「あきらめずに継続する」ことが事業成功の秘訣
- ■前人未到の舞台を選んだからこそ大きく成功できた

イノベーションを起こす

ジェフ・ベゾス80の言葉

桑原晃弥（リベラル社）

（2021年刊行）

稀有な世界的起業家の成功の3つの理由

新型コロナウイルスの影響で、さらに勢いを増したアマゾン・ドット・コム。時価総額は日本の国家予算を超える約1兆5900億ドル（2021年5月14日現在）という、驚くべき会社です。

そんな巨大企業をたったひとりで創業し、CEO（2021年の第3四半期に会長に就任）として会社を率いてきた人物がジェフ・ベゾス。約20兆円の莫大な資産を誇る世界有数のお金持ちとしても有名です。いったいなぜ、ベゾスはそれほどの成功を収められたのでしょうか？

その理由のひとつが、**①常に顧客中心に考える、②発明を続ける、③長期的な視点で考える、というアマゾンの「原動力となる3つの考え方」を守り続けたこと。**

本書では、そんなアマゾンの「成功の原動力となる考え方」や、失敗こそがイノベーションをもたらすというベゾスの「失敗を恐れない生き方」などを紹介しています。

失敗こそがイノベーションをもたらす

「失敗は、当社が他社と一線を画している分野だと思います。当社は、恐らく世界一失敗に適した場所です。」（『ベゾス・

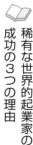

レター』)

「イノベーションを起こしたい」と願う企業の経営者や管理職が、若手社員に対して「失敗を恐れず果敢に挑戦しろ」と口にすることがあります。若手の挑戦を後押しする意思を示しているわけで、それ自体は素晴らしいことですが、果敢に挑戦しようという若手は滅多に出てくるものではありません。もしかしたらそれは、失敗を恐れるからからも。

挑戦には失敗がつきものです。だからこそ大切なのは、失敗をしてしまったときにまわりがどんな声をかけるか。

上の人間が失敗の責任を「お前が勝手にやったことだ」と若手に押しつけたり、降格や異動といった厳しい処分を科したりすれば、誰だって挑戦などしたくなくなります。

若手の挑戦を本当に期待するのであれば、ジェフ・ベゾスがいうように「失敗に適した＝いくらでも失敗できるような」職場であることが必要なのです。失敗とイノベーションは対の関係にあり、失敗なしにイノベーションだけを実現することは不可能だからです。

失敗を称賛する必要こそないにせよ、失敗は「学びの機会」であるという考え方に基づいて、本心から挑戦を後押しする企業こそが真のイノベーションを手にすることができるのです。

本書を読みながら**「これは知っている」と感じたら、「じゃあ、自分はやっているか?」**と自らに問いかけてほしいと著者はいいます。そうすることで、自身のポテンシャルをより高めることができるというわけです。

Points

- ジェフ・ベゾスの稀有な成功の背景にある成功の原動力
- 「失敗を恐れない」という姿勢がアマゾンを成長させた
- 知っている。では、やっているか?

■ビジネス書はドラッカーからはじまった

第5章には、「印南敦史の毎日書評」を10年間続けてきた僕が、いまなお大好きな本が掲載されています。『天才たちの日課　クリエイティブな人たちの必ずしもクリエイティブでない日々』（メイソン・カリー著、フィルムアート社）がそれ。タイトルにあるとおり、さまざまなフィールドの「天才」たちが日課にしていたことを淡々と綴ったもの。「あったこと」しか書かれていないからこそ、逆に強い説得力を感じさせてくれるのです。続編の『女性編』も含め、絶対的におすすめできます。

そんな同書の特徴は、著者が意図的に自身の主観を排除している点。そこにも通じることではあるのですが、「テクニカルではなく、しかし心に残る本」が多いことがビジネス教養ジャンルの特徴かもしれません。

ただ、ビジネス教養は裾野が広いだけに、なにから読めばいいのかと迷われる方も少なくなさそう。仕事のことが頭から離れないビジネスパーソンにとっては、ことさら難しい問題かもしれません。しかし、ビジネスについての教養を身につけたいという思いがあるのならば、基本というべき〝ドラッカーもの〟がいいかもしれません。ドラッカー関連書籍には「難しい」というイメージもあるでしょうが、だからこそ僕は意図的に「わかりやすいもの」を意識して選んでいます。改めて読んでみれば、ビジネスパーソンが身につけておくべきベーシックなことがらを理解できるはず。実際のところ、通して読んだことがない人も多いと思うので、この機会に触れてみてはいかがでしょうか。

その他、よくも悪くもつねに話題を振りまいている実業家、イーロン・マスクについての書籍も増えています。また、かつて同じポジションにいたスティーブ・ジョブズは、いまとなってはもはや偉人のくくり。先日、図書館の児童書のコーナーにジョブズの偉人伝を見つけて驚きました。書評を10年続けてきた時間の流れを感じるエピソードです。

lifehackerの視点

文脈の幅が広がっている

教養とは「社会人として必要な広い文化的な知識。また、それによって養われた品位」だそうです。

ビジネスパーソンには教養が必要だといわれますが、その理由はさまざまにあると思います。私自身は仕事のなかで、教養って「文脈力だなあ」と感じることがあります。プロジェクトの打ち合わせも、インタビューも、そこにいる相手の背景を理解し、一緒にストーリーを紡ぐような作業が必要になる。そこで必要なのが教養＝文脈力だと思うのです。

自分の中に文脈の引き出しがいっぱいあると、相手の文脈を理解して次の一手を見つけやすくなるし、お互いの文脈を統合したり混ぜ合わせたりすることで、斬新なアイディアにつながったり。歴史、地政学、エネルギー問題などなど、教養があればマクロ的な理解も速いですよね。自分自身は教養豊かとはいえないのですが（汗）、だからこそ、みなさんと一緒に身につけていきたいと思っています。

第6章

心と身体の健康を整える
1テーマ3冊

健康でなければ働けない

第6章では心と体の健康を高めるためのテキストとして、「健康維持」「睡眠不足」「メンタル」「習慣」「デキる人の健康術」という5テーマの書籍を厳選しました。

ただし「印南敦史の毎日書評」では、医学に関する専門的な書籍は避けるようにしています。エビデンスをきちんと立証することは絶対に必要ですが、そこには医学的知識が要求されます。また、考え方や主張が著者によって異なる場合もあるでしょう。そのため、簡単に正誤を判断できないようなものは意識的に避けているわけです。

一方、ここで紹介しているようなテーマは、取り入れたから命の危険があるようなものではありません。道具や知識がなかったとしても、「とりあえず取り入れてみようかな」と気軽に試していただけそうなものを選んでいるのです。

つまり健康関連は、選書に神経を使うジャンルでもあります。しかし、それでも定期的にご紹介しているのは、健康には普遍的なニーズがあるからにほかなりません。毎日フルパワーで働き、成果を出すためには、やはり健康でなければいけないからです。健康はパフォーマンスの土台なので、ビジネスパーソンの注目度も高いのでしょう。

また、近年この領域が注目されているのは、『LIFE SHIFT』的な文脈とコロナの影響も大きいのかもしれません。同名の書籍（『LIFE SHIFT』（リンダ・グラットン著、東洋経済新報社）がベストセラーになったので、読まれた方も多いのではないかと思います。要するに人生100年時代に焦点を当てて新しい働き方を提案しているわけですが、本書をきっかけとして「人生100年時代を生き抜く」という命題が生まれたことは間違いないでしょう。

その後、世界はコロナに見舞われ、「健康」についての意識も必然的に高まりました。そんな背景があるからこそ、気になった健康関連書籍を手に取ってみるのもいいかもしれません。

疲れないカラダ大図鑑

夏嶋 隆（アスコム）

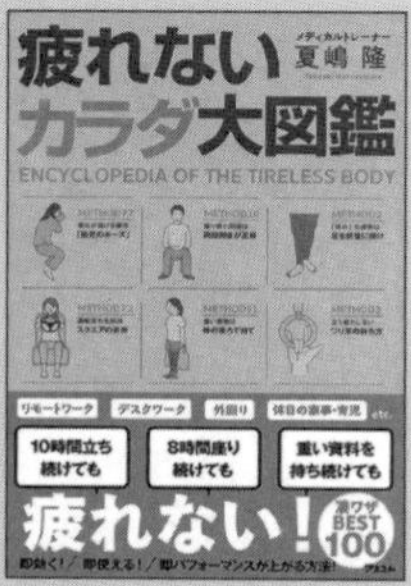

（2021年刊行）

著者は、「動作解析」の専門家として多くのアスリートをサポートしてきたメディカルトレーナー。

動作解析とは、人間の動作を観察・記録し、運動学、解剖学、物理学に沿った「人体構造に合った正しい動作」を検証、それをスポーツの現場に還元していく研究です。

人体構造的に間違った姿勢や動作が習慣になってしまうと、肉体の疲労度が増し、パフォーマンスが低下する危険性があります。

姿勢や動作を正すことこそ、体をベストな状態に保つための秘訣なのです。

電車のつり革の持ち方ひとつで疲れ方が変わる

疲労がとれない大きな要因のひとつは、日本人の多くが「疲れる姿勢」「疲れる動作」を習慣にしていること。この習慣によって、じわじわと体に疲労物質がたまり、慢性的な疲れになってしまうのです。そこで本書では、「疲れる姿勢・動作」を「疲れない姿勢・動作」に変えることで肉体の疲労を解消し、「疲れない体」を手に入れる方法を紹介しているわけです。

たとえば、つり革にも「疲れない持ち方」があるのだそうです。つり革を持つとき、ほとんどの人は手首を曲げた状態で輪をつかんでいるもの。手前側から輪をつかむ人もいれば、奥側からつかむ姿勢の人もいることでしょう。しかし、それが問題。どちらも手首が曲がるため、腕の筋肉が緊張し、それが肩まで伝わり、こりや痛み、上半身のだるさにつながってしまうというのです。

体に負担がかからないつり革の持ち方は、「つり革をしっかりと持たないこと」。まずは、中指と薬指の2本を輪に引っかけます。そして手の方向を、手のひらが自分に見える方向にする――。

この持ち方だと、手首を伸ばしたままで無駄な力を使わずに済むのだそうです。手首が伸びているので、筋肉の緊張がなく、疲れが残りにくい。しかも電車の急ブレーキにも対応できます。

ビジネスバッグの持ち方にもコツがあるようです。手提げタイプの場合はカバンを持っている腕を体に密着させ、骨盤の後ろ側でカバンを持ち、手の甲をお尻につけます。このとき、手首を曲げないのがポイント。

カバンを持つ腕を体に密着させると、体が「1本の木」のようになり重心が安定します。また骨盤の後ろ側で持つことで、腕の筋肉に頼らずにカバンを持つことができます。手首を曲げないのは、上半身の筋肉の緊張をほぐすため。

忘れてはならないのは、片方の手だけでカバンを持たないこと。体の左右のバランスが崩れてしまい、疲れやすい体になってしまうからです。左右交互に持つようにすべきなのです。

疲れのたまったアスリートへの指導がもとになっているだけあって、解説もとても具体的。相応の効果が期待できそうです。

Points

- ■疲れるのは疲れる動作をしてしまっているから
- ■つり革はしっかり持たない
- ■ビジネスバッグは左右交互に持つ

医者が教える食事術 最強の教科書
20万人を診てわかった医学的に正しい食べ方68

牧田善二（ダイヤモンド社）

（2017年刊行）

ビジネスパーソンに広がる健康格差

著者は38年間にわたり、のべ20万人以上の患者さんを診てきた糖尿病専門医。そんな立場にあるからこそ、ビジネスパーソンの間に大きな「健康格差」が広がっていると実感しているのだそうです。

たとえば、40歳前後のビジネスパーソンを１００人集めたとしたら、そのうちの2割くらいが「健康上流」、残りの8割は「健康下流」だというのです。

健康格差は自覚しづらいものですが、場合によっては仕事のパフォーマンスが落ち、確実に健康は蝕まれていってしまいます。

大切なのは〝バランスのいい食事〟という曖昧なものではなく、「いかに血糖値をコントロールするか」。

こう主張する本書について注目すべきは、世界中の信頼できる論文や、20万以上におよぶ著者の臨床経験を踏まえている点。そのため、一時の流行に左右されない食事術を身につけることができるわけです。

糖質は摂るタイミングがポイント

一時期、糖質を抑えるダイエットが流行ったことがありましたが、**糖質は朝食でサラダやヨーグルトのあとに摂取するのが**

おすすめだそうです。ごはんやパン、麺類などの糖質は、朝食に持ってくるのがベスト。朝ならその後1日働くので、ブドウ糖は使われてしまうわけです。ただし朝食時には、まずサラダや具だくさんの味噌汁、ヨーグルトなどを摂り、そのあとごはんやパンを食べるようにするべき。それだけで、血糖値の急激な上昇を抑えられるといいます。

果糖を含む果物は朝食に

果物の「果糖」は、ブドウ糖よりも体に貯まりやすい性質を持ち、肥満の大きな原因のひとつ。人間の体はまずブドウ糖をエネルギー源として使います。そのため、ブドウ糖が充分にある状態では、果糖はストック用としてすぐに中性脂肪に変わるのだとか。とはいえ果物はミネラルやビタミンを含んでいるので、少量を楽しむ分には問題なし。その場合、朝食に食べることでミネラルやビタミンが有効活用され、糖分も消費されやすくなるのだそうです。

そして**果物を食べるときは、含まれる食物繊維もできるだけ一緒に摂取することが大切**。ミカンは薄皮ごと、リンゴは皮をむかずに食べるのが理想です。食物繊維が多ければ消化に時間がかかり、そのぶん血糖値の上昇を防ぐことができるのです。

なお、朝食によく食べられるバナナは、糖質の多い果物。血糖値の上昇を考慮すると、おすすめできないそうです。

「医学的に正しい食べ方」、「血糖値を上手にコントロールする食事術」、そして「長生きの10大ルール」と、幅広く、そして奥深い内容になっているため、本書はとても実用性の高い一冊だといえます。

Points

- ■医師が教える本当に健康な食習慣
- ■糖質は朝食に、サラダやヨーグルトの後に摂る
- ■果糖も朝食に、バナナは意外と注意

スタンフォード式 疲れない体

山田知生（サンマーク出版）

（2018年刊行）

すぐ回復できる体になる健康法

疲れにくく、疲れたとしてもすぐに回復できる体になるにはどうしたらいいのか？ この問いに応えてくれるのが本書です。

スタンフォードには「頭のいいエリート大学」というイメージがありますが、「賢い」というのはあくまで一面にすぎず、実際には「文武両道の大学」。多くの競技で、多数のプロアスリートを輩出しているのだそうです。そこで本書では、スタンフォードが培ってきたそのような実績を軸に、「疲労予防」と「疲労回復」についての独自の考え方を公開しているわけです。

ここでは1章「世界最新の疲労予防『ＩＡＰ』メソッド」に焦点を当ててみます。

ＩＡＰ呼吸法とは

さまざまな疲労回復法を実践しているスタンフォードにおける、いちばんのトピックスが**「ＩＡＰ呼吸法」**。ちょっと疲れているという選手も、ケガでリハビリ中の選手も、慢性的な痛みがある選手も、必ずＩＡＰ呼吸法を行いながらメンテナンスするというのです。

「ＩＡＰ」とはIntra Abdominal Pressureの略で、「腹腔（ふくこう）内圧（腹圧）」。人間のおなかのなかには「腹腔」と呼ばれる、胃や肝臓などの内臓を収める空間があり、この腹腔内の圧力が「IAP」です。

「IAPが高い（上昇する）」とは、肺に空気がたくさん入って腹腔の上にある横隔膜が下がり、それに押される形で腹腔が圧縮され、腹腔内の圧力が高まって外向きに力がかかっている状態を指すのだそう。

「IAP呼吸法」を実践すると、次のような効果が期待できるといいます。

・腹圧が高まることで、体の中心（体幹と脊柱）がしっかり安定する

・体幹と脊柱が安定すると、正しい姿勢になる

・正しい姿勢になると、中枢神経と体の連携がスムーズになる

・中枢神経と体の連携がスムーズになると、体が「ベストポジション」（体の各パーツが本来あるべきところにきちんとある状態）になる

・体が「ベストポジション」になると、無理な動きがなくなる

・無理な動きがなくなると、体のパフォーマンス・レベルが上がり、疲れやケガも防げる

所要時間は1分程度なので、忙しい人でも行いやすいはず。「腹圧を高めておなかを膨らませたまま、息を吐く」感覚をつかむためにも、最初は指先を足のつけ根に差し込んで練習するのがいいようです。

IAP呼吸法はシンプルでありながら、疲れの予防と解消が期待できる強力なメソッド。決して難しいものではないので、気軽に試してみてはいかがでしょうか？

Points

■文武両道のスタンフォードで実践されている疲労回復法
■IAP呼吸法を紹介
■所要時間1分で疲れにくくなる

ぐっすり眠れる×最高の目覚め×最強のパフォーマンスが1冊で手に入る

熟睡法ベスト101

白濱 龍太郎（アスコム）

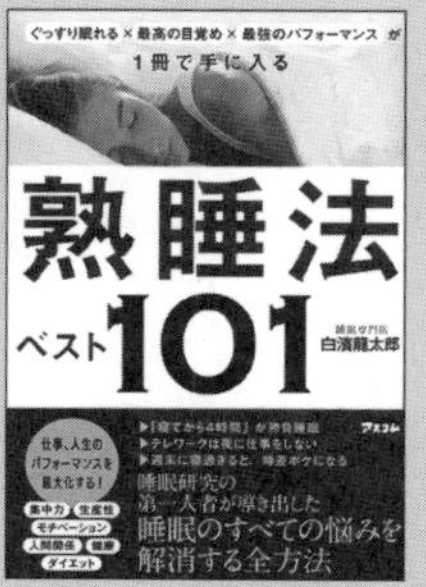

（2020年刊行）

　著者は、睡眠、呼吸器内科、在宅医療の専門クリニック「RESM新横浜」の院長。これまで1万人を超える患者さんに、睡眠に関する治療を行ってきたなかで、「睡眠に関する情報はなにが正しいのかわからない」といった声を多く聞いてきたそうです。そこで本書では、著者の睡眠に関する治療や研究、世界の研究論文などをもとに、「熟睡法」に関する「ベスト101」を厳選しているのです。

　よい睡眠には朝の習慣がとても大切。ここでも、**スマートフォンのタイマー機能を使い、好きな音楽を鳴らすことがすすめられています。**よくあるアドバイスですが、著者によれば、その際は洋楽ではなく**「邦楽」**を選ぶほうがいいのだとか。理由は、脳が日本語の歌詞を無意識下で認識することで少しずつ覚醒していき、すっきり起きることができるから。

　さらにこだわるなら、ゆったりとしたリズムではじまり、そこから徐々にテンポアップしていく曲がベストだそう。このような曲調の音楽を聴くことが、朝のいい目覚めにつながるとの研究報告があるというのです。

　朝食のとき、積極的に摂取したいのが、**トリプトファン**という栄養素。必須アミノ酸のひとつです。体内に入ると自律神経の働きを活性化させ、心のバランスを整えるセロトニンというホルモンに変化。そして、日中に体内で分泌されたセロトニンは、夜になると酵素の働きによって、自然な睡眠を促すメラトニンに変化するのです。こうした働きが、夜になると自然に眠気が訪れる効果をもたらしてくれるわけです。

トリプトファンを多く含む食品は、納豆や味噌などの大豆製品や、チーズやヨーグルトといった乳製品、卵、ナッツ類など。トリプトファンはインスリンによって脳へと運ばれるので、インスリンの分泌をうながす白米もあわせて摂取するのがいいようです。セロトニンの合成に不可欠なビタミンB_6を多く含んでいるカツオ、マグロ、鮭といった魚を一緒に食べれば文句なしの朝食です。

つまり、焼き鮭、みそ汁、納豆、白米といった典型的な和の朝食メニューは、良質な睡眠をとるうえでは理想的な食事。洋食が好みなら、ベーコンエッグ、ヨーグルト、チーズトーストなどがいいそうです。

また、規則正しい朝食には、体内時計を調整する効果も。朝は太陽光をしっかりと浴びて起床し、それから1時間以内に朝食を済ませることが大切です。

本書で紹介されているメソッドは、どれも一定の効果が見込めるものばかりだと著者は太鼓判を押しています。よりよい睡眠習慣を身につけるために、無理なく実践できそうなことから試してみるといいかもしれません。

睡眠不足

Points

■よい睡眠には朝の習慣が重要
■アラームは好きな邦楽がベター
■朝食ではトリプトファン摂取を心がける

SLEEP 最高の脳と身体をつくる睡眠の技術

ショーン・スティーブンソン 著、花塚 恵 訳（ダイヤモンド社）

（2017年刊行）

著者は、アメリカ国内の健康部門において第一位の人気を誇るポッドキャスト“The Model Health Show”のクリエイター。個人や企業向けの健康アドバイザーとして活躍するなか、「鍵を握るのは〝良質な睡眠〟だ」と気づいたのだそうです。そこで本書では、著者のクライアントが実際に試して効果のあった睡眠法を紹介しているのです。

睡眠の質は長さではなくタイミングで変わる

ポイントは、クライアントに「寝る時間を増やすように」とはいわなかったことだそう。**睡眠時間を増やさなくても、睡眠に適した時間に眠るだけで睡眠の質は劇的に改善し、肉体や思考が大きく変化する**というのです。

「睡眠に適した時間」に眠りにつくと、睡眠がもたらすメリットは何倍にも増えるのだとか。ホルモンの分泌や疲労の回復は、午後10時から午前2時の間に睡眠をとることによって高まるといわれているため、その時間帯に眠るといちばん身体が回復し、睡眠の効果を最も享受できるというのです。

当然ですが、私たち人間は自然界の一部です。したがって**最良の睡眠には、自然本来のリズムでホルモンが生成されることが不可欠。**つまりホルモンが分泌されるべき時間に眠るようにすれば、睡眠から得られるメリットは格段に大きくなるわけです。

慢性的な睡眠不足を解消する方法は？

たしかに午前1時に寝て午前9時に起きれば、8時間の睡眠をとっていることになります。ところがこの時間帯では、ホルモンの分泌にもっとも有利なタイミングを逃してしまうようです。

では、夜更かしして失った睡眠を埋め合わせることは、可能なのでしょうか？

睡眠の研究者たちは、睡眠不足がたまっていくことを**「睡眠負債」**と呼ぶそうです。そして著者は、この「たまっていく」ということばに注目してほしいといいます。なぜなら睡眠不足の影響は、あっという間に蓄積してしまうものだから。

一晩程度の睡眠負債であれば、ぐっすり眠り、しっかり栄養をとって、適度に運動すれば、身体がうまく帳尻を合わせてくれるそうです。しかし、それ以上の睡眠不足になると、体内のホルモンが「払えるあてのない負債」を取り立てにやってくるというのです。

遅くまで起きてしていることの大半は、しっかりと計画を立てれば日中にできることばかりです。一日が24時間なのは誰にとっても同じ。それをどう使うかですべてが変わるわけです。

本書は、睡眠についての基礎的な考え方はもちろん、電子機器の使い方、最良の寝室のつくり方、最高のパジャマにいたるまで、睡眠についてのトピックスが満載。参考になることはとても多いはずです。

Points

- ■大事なのは「長く寝る」ではなく「適切な時間に寝る」
- ■睡眠不足が2日以上続くと睡眠負債化する
- ■睡眠負債はたまると帳消しにするのが難しい

世界最高のスリープコーチが教える
究極の睡眠術

ニック・リトルヘイルズ 著、
鹿田昌美 訳（ダイヤモンド社）

（2018年刊行）

著者は寝具販売会社で海外販売やマーケティング部長をしていた1990年代から、睡眠に関する研究を開始したという人物。世界トップクラスのサッカー選手やアスリートの睡眠管理に従事してきたのだそうです。そして、その実績に基づいた睡眠メソッドを紹介している本書の核になっているのが、「R90睡眠回復アプローチ」です。

90分で回復する睡眠法

「毎晩8時間の睡眠をとるのが理想」とは、よく聞く話。ところが著者によれば、「一晩に8時間の睡眠」は、比較的最近生まれた考え方なのだそうです。そして**「8時間眠らなければ」というプレッシャーのせいで、本当に必要な睡眠量を得ることがかえって難しくなる弊害があ**るのだともいいます。

ここで登場するのが、著者の提唱する「R90アプローチ」で、これは「90分で回復（リカバリー）する方法」という意味。90分は、睡眠の1サイクルを構成する各ステージをめぐるのにかかる時間の長さです。

睡眠の1サイクルは4つのステージで構成され、1サイクルを終えるまでの過程は「階段を下りるようなもの」。夜に電気を消してベッドに入るときは階段の最上段にいて、階段の一番下が「深い睡眠」、つまり到達したい目的地だということです。

睡眠の階段とは?

階段の最上段（まどろみ）はノンレム睡眠のステージ1、数分間は、覚醒と眠りとの間をうろうろしている状態。自分が高所から落ちている感じがしてハッと目が覚める現象はこのステージで起きているのだそうです。

階段のまんなか（浅い眠り）は、ノンレム睡眠のステージ2で、このときは心拍が遅くなり、体温が下がるといいます。このステージでも、名前を大声で呼ばれたり、赤ちゃんが泣いたりすると、階段のいちばん上に引き戻される可能性があるとか。

そして階段のいちばん下（深い眠り）はノンレム睡眠のステージ3（と4）ですが、ここまできた人を起こすのはかなり大変。揺さぶっても起きないような状態で、このときに起こされると頭がぼんやりし、うろたえるようです。このステージでの睡眠は、成長ホルモンの分泌が増加するので、できれば**夜全体の20%前後を、この深い眠りの底で過ごすのがいい**そうです。

そして睡眠のサイクルは、再び階段を上まで戻り、浅い眠りの領域にとどまり、レム睡眠に到達します。ほとんどの夢はこのステージにいるときに見ており、身体は一時的に麻痺します。レム睡眠は、創造的な能力の強化に役立つと考えられているのだそうです。

「眠る」というメンタルとフィジカルの回復に欠かせないプロセスを見なおせば、起きている時間を仕事や家族関係をはじめとした人間関係の向上に最大限活用できそう。そのため、強い自己肯定感を得られるようになるかもしれません。

Points

- ■大事なのは眠る時間ではなく眠るサイクル
- ■階段をいちばん下まで降り、また上まで昇るように眠る
- ■夜全体の20%前後が深いノンレム睡眠状態が理想

深い集中を取り戻せ
集中の超プロがたどり着いた、ハックより瞑想より大事なこと

井上一鷹（ダイヤモンド社）

（2021年刊行）

PCやスマホの普及によって、人間の「ひとつのことに集中する力」が落ちてきた――。そう指摘する本書の著者は、JINS（ジンズ）で、JINS MEMEという集中力を測るメガネの技術開発・事業開発を推進してきた人物です。では、どうすれば集中力を取り戻せるのでしょうか。

「直感の脳の時間」を自分で設定する

「直感の脳の時間」が人生でもっとも大事と考える著者には、決めていることがあるそうです。それは「直感の時間」を1週間のはじめ「月曜の朝9～11時」に設定すること。そして月曜の朝はできるだけPCを開かず、「今週はなにをしようか」と考えること。なぜ「朝9～11時」なのかといえば、少なくとも著者の場合、集中を示す数値がもっとも高くなるのがこの時間帯だから。

秋田大学の研究では、ほとんどの日本人が「夜ふかし傾向が弱い」遺伝的傾向を持っているのだといいます。加齢にともなって体内時計が前倒しになり、夜型だった人が朝型になるのは、すでに知られた話。そういう意味でも、**「朝型のほうが仕事がはかどる」という考え方はおおむね正しい**わけです。なお、ここで重要なのは、「自分はこ

の時間帯には集中できる」と自覚し、それを守ることです。

次に、朝は「できるだけPCを開かない」ことについて。とくにアイデアを考えたいときには、いきなりPCを開かないようにしているそうなのです。なぜなら、PCを開いて人がまずすることは「メールをチェックする」「調べものをする」などの受動的な行為だから。

ネットサーフィンやSNSのチェックは止まらなくなってしまいがちですが、それを意志の力で我慢するのはとても非効率。だから、「はじめからPCを開かない」と決めておくのです。

深い集中に入るまでの時間は約23分

人の脳は、「深い集中」に入るまでに約23分かかるのだとか。しかし23分は、メール、チャット、SNSなどによって、あっという間に遮られてしまいます。ですから、現代で深い集中に入るためには、デジタル機器から強制的に離れる「デジタルデトックス」が不可欠なのです。作業をする前にはPCのWi-Fiを切り、その時間内で仕事の骨子を固める。調べたいことや聞きたいことが出てきても、その場ではリストにまとめておくだけにし、あとで一気に調べるようにする。そうした工夫が大切だということです。

本書には自分が夢中になれる課題を定義し、真剣になることの重要性が説かれています。激変する時代を生き抜いていくために、ぜひとも参考にしたい一冊です。

Points

- ■集中力が失われている現代だからこそ深い集中を自分でつくる
- ■週1回、PCを開かない時間をつくる
- ■とくにアイデアを考えたいときはPCを開かずに考える

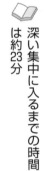

幸せな孤独
「幸福学博士」が教える「孤独」を幸せに変える方法

前野隆司（アスコム）

（2021年刊行）

孤独＝不幸せではない

人の幸せについて研究を続けている著者は、「幸福学」の第一人者。近年は「孤独」に関心を持っており、「孤独は不幸」という前提に疑問を感じているそうです。

幸福学の最新の研究でも、孤独＝不幸と、単純に決められないことがわかってきたそう。たしかにパートナーがいなくても、人づきあいが苦手でも、幸せな人はいます。しかも「幸せな孤独」を実践している人は、深い孤独感に囚われないもの。そして、そんな人を幸福学の観点から分析すると、「受け入れる＝自己受容」「(自分を)ほめる＝自尊心」「らくになる＝楽観性」という3つの考え方のベクトルを備えていることがわかっているのだといいます。

そもそも、幸福とは？

「幸福とは」というとやや堅苦しいので、身近な例を挙げましょう。人間は、上を向いているときのほうが下を向いているときよりも楽しい気分になるそうです。たしかに、落ち込んでいても上を向いて胸を張ってみると、明るく元気な気分になるものです。心理学の研究でも、「上を向くとポジティブな気分になる」という結果が出ているのだといいます。

また、**上を向くことはネガテ**

ィブな思考から抜け出すのにも有効。とくに晴れた日の青空は、見ているだけで幸せホルモン「セロトニン」が分泌されるそうです。

つらいときこそ口癖を変える

どんなことも前向きにとらえるためには、「ポジティブ発想」になることが大切。「ダメだ」「どうせ私なんて」というような〝ネガティブな口癖〟をやめ、〝幸せを呼ぶ口癖〟に変えていくことが重要なのです。

幸せを呼ぶポジティブな口癖として挙げられるのが、「なんとかなるさ」。感情や物事のとらえ方、ことばによって思考を転換することで、心が楽になるわけです。そこで、不安を感じたときには「なんとかなるさ」と考えるべき。

とはいえ、気持ちの切り替えがなかなか難しい場合もあります。そんなときには原因から一定の距離を置き、気分転換することが大切。休みをとってひたすら寝たり、趣味など好きなことに没頭したり、おいしいものを食べに行ったり、なんでもいいので自分が楽しいと思うことをすればいいわけです。

それでもつらいときは、会社を辞める、遠くへ引っ越す、別れるなど、物理的な距離を置くという選択肢もあるでしょう。無理に我慢して続けるのではなく、キッパリ関係を断ち切って新たなスタートを切ることも、ひとつの解決策なのです。

たとえばこのように、紹介されているメソッドはすぐに試せるものばかり。日常生活のなかで降りかかってくるさまざまな物事を肯定的にとらえるために、活用できそうな内容が盛りだくさんです。

Points

- ■孤独＝不幸せではない
- ■幸せはポジティブな態度がつくる
- ■ネガティブから抜け出せないときは原因から距離をとる

ストレスゼロの生き方
心が軽くなる100の習慣

Testosterone（テストステロン）
（きずな出版）

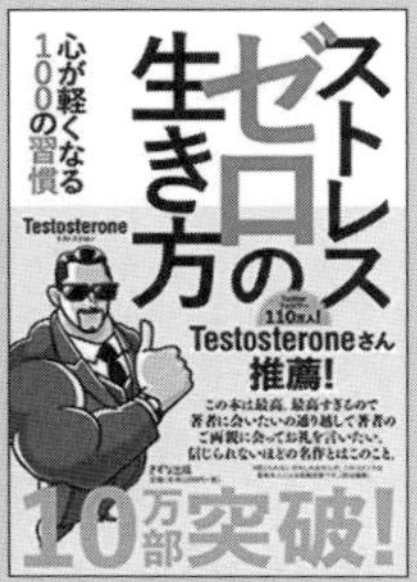

（2019年刊行）

著者は、「日々の筋トレと筋トレ啓蒙活動を人生の主軸としながらまったく関係ない業界で社長業をしている変わったおっさん」を自称する筋トレマニア。なにも意識していないし、メンタルコントロールもしていないのに、ストレスがない生活を送っているのだそうです。

なんともうらやましい話ではありますが、そんな自分の考え方を多くの人とシェアしたほうがいいのではないかと思い、頭のなかを説明するために本書を書いたのだそう。

ここではそのなかから、著者のユニークな思考をご紹介したいと思います。

コントロールできないことで悩むのをやめる

なにか問題を抱えているなら、「この問題は自分にコントロールできるものか？」と自分に問いかけてみるべきだと著者はいいます。

ただし、自分ではコントロールできないような問題であったとしたら、いくら考えても無駄。したがってそういう場合は、すぐに考えるのをやめるべき。自分のコントロール外にある問題で悩んでも解決策が見つかることは絶対になく、心の負担になるだけだからです。

才能、環境、他人の反応、評価、行動、言動、天候、自然災

害などはすべて、どれだけ努力しても自分でコントロールすることはできないもの。

つまり、**「自分でコントロールできない問題」はたくさんあるのです。**

ですから、そういうことで悩んでいると、もっと不安になったりイライラしたりしてしまうことになります。それよりは潔く状況を受け入れ、あきらめることが大切。がんばりさえすれば、なんでも解決できるというわけではないのです。

「あきらめる」のは悪いことではない

「あきらめる」ということばの印象は、あまりよくないかもしれません。

しかし、あきらめるべき部分をあきらめるからこそ、自分が本当に注力しなければならない問題に全力を注ぐことができるのです。つまり、**「選択と集中」が大切**だということ。

「あきらめる」とは、いいかえれば「無駄な努力はやめて実る努力をしよう」ということ。

後ろ向きにあきらめるのではなく、前向きにあきらめることが大切だという考え方です。

考え方には正解なんてありません。ですから、「自分に合うなぁ」と思う考え方だけを自由に取り入れてくれたらいいと著者は述べています。

本書の目的は、自分の人生をよりよく、生きやすくすること。だからこそ読者も、本書から自分に合ったものをチョイスしていけばいいわけです。

メンタル

Points

- ■毎日をストレスフリーで生きる心の持ち方がわかる
- ■コントロールできないことは悩むのをやめる
- ■「選択と集中」であると理解し、あきらめることを恐れない

ぜんぶ、すてれば

中野善壽
（ディスカヴァー・トゥエンティワン）

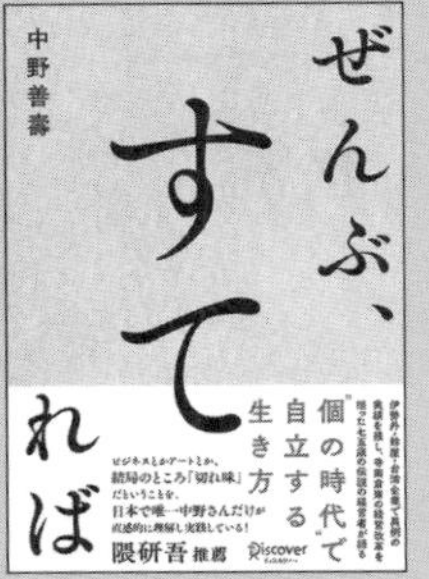

（2020年刊行）

著者は刊行当時75歳。伊勢丹、鈴屋で新規事業の立ち上げと海外進出を成功させたあと、台湾へ渡り、大手財閥企業で経営者として活躍。そののち寺田倉庫の代表取締役社長兼CEOに就任したのだそうです。その手腕と独自の考え方、人柄から、各界の著名人に慕われる人物であると同時に、メディアにはほとんど姿を現さない存在でもあります。

そんな**著者の生き方の根底にあるのは、「なにも持たない」こと**なのだとか。家も車も持たず、お酒もタバコもたしなまず、お金も生活に必要な分を除き、若いころからすべて寄付しているというのです。なにも持たないからこそ、過去に縛られることなく、未来にも悩まず、今日を大切に生きられるということなのでしょう。

本書は、そんな著者による「現代を前向きに、楽しみながら生きるためのヒント」をまとめたもの。ここでは2つのヒントをご紹介したいと思います。

「会社のため」は、すてれば？

「自分はなんのために働くのか」。この問いに対する答えはただひとつ、自分のため。「会社のため」ではないと著者は断言しています。**自分が好きで、楽しいから、目の前の仕事をやっているのだと。**

決して仕事に対してドライであれ、といいたいわけではなく、「働く主（あるじ）は、あくまで自分である」と考えるべきだということです。

もちろん、仕事に没頭したい時期なら、遅くまで残って働いてもいいでしょう。

著者も若いころは、徹夜で会社に残ったこともあったそうです。しかし、そんなときにも苦痛と感じなかったのは、「どうしても今日中にやり遂げたい」「自分がやりたいからやっている」という感覚が大きかったから。つまり、がんばっていたのではなく、夢中だったということです。

だからこそ、「人が中心で、会社が道具」という関係性を間違えないようにするべきだと主張しているのです。

「なんでもチャレンジ」の精神は、すてれば？

若いうちは、「とにかくなんでもやってみなさい」と助言を受けることが多いはず。しかし、進んだら進みっぱなしというのもよくないと著者はいいます。

大切なのは、常にまわりに吹く風の変化を感じつつ、「あれ？」と思ったらすぐに立ち止まること。「これ以上進んだら危険だ」と察したら、迷わずブレーキを踏むことが大事だという考え方です。

なにをいつ始めたとしても、成功する確率は１００個に1個くらいのもの。だから、「止まる力」こそが安全維持のためには重要なのです。

不確実で変化が激しく、個人の力が試されるのが現代。そんな時代だからこそ、短くシンプルな文章にまとめられた著者のことばは強い説得力を感じさせてくれます。

Points

- 「持たない」ことで前向きに生きるヒント
- 愛社精神はすてる
- 勢いだけのチャレンジ精神はすてる

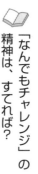

精神科医が教える
毎日を楽しめる人の考え方

樺沢紫苑（きずな出版）

（2022年刊行）

著者は、1日の終わりに「きょうあった楽しい出来事を3つ書く」という「3行ポジティブ日記」をすすめています。その根底にあるのは、「人生は楽しむためにある」という考え方です。

成功者の共通点

なお著者によると、成功者には、間違いなく共通点があるのだそうです。キーワードは、「情熱」「熱中」「夢中」「没入」。そして、**一流の仕事人ほど一流の趣味を持っていることが多く、人に教えられるレベルまで、「遊び」や「趣味」を極めているものだ**というのです。

たしかに、熱中できること、夢中になれること、没入できることは大切です。

「仕事ができる人」の多くは、歯を食いしばって余裕なく仕事をしているのではなく、前向きに仕事を楽しんでいるもの。プライベートも楽しみ、すべてにおいて充実しているため、余裕すら感じられたりもします。

それは、**「楽しむ人が成功する」**ということでもあると著者は指摘しています。

ドーパミンを味方につける

「楽しむ人が成功する」のだとすれば、ぜひ理由を知りたいところですが、その答えは脳科学的には実にシンプルなのだそうです。「楽しむ人は、ドーパミンを味方にしている」というのです。

幸福物質とも呼ばれるドーパミンが分泌されると、「楽しい」「うれしい」といった幸せでポジティブな感情に包まれるというのは有名な話です。

特筆すべきは、なにか大きな目標を達成したときに限らず、「TO DOリストをひとつこなした」という小さな目標達成でもドーパミンは分泌されるということ。

おいしいものを食べ、おいしいお酒を飲んで、「幸せ！」と感じるような、物理的な刺激でもドーパミンは分泌されるわけです。また、運動をして「実にさわやか！」というときにもドーパミンが出ているのだとか。

ドーパミンを分泌する脳の回路は「報酬系」と呼ばれ、なにかを達成したり、報酬を得たときなどに活性化するそうです。

ドーパミンが分泌されると脳が活性化するため、集中力や記憶力がアップして、学習効率が高まります。「もっとがんばろう」と、意欲やモチベーションが上がり、物事に前向きに取り組めるようになるのです。

そんなドーパミンのことを著者は、「記憶増強物質であり、学習物質であり、モチベーション物質」と表現しています。

不安の多い時代ですが、自分の力で毎日の「楽しい」「うれしい」「おもしろい」は容易につくり出せるものでもあります。大変な時代だからこそ、あえて「遊び」や「楽しむ」ことの重要性を見なおしたいもの。本書はきっと、その手助けをしてくれるでしょう。

Points

■仕事もプライベートも没入して楽しむ人が成功する
■成功の鍵はドーパミン
■大きな目標でなくても「達成」に意味がある

一流の人はなぜそこまで、習慣にこだわるのか?
仕事力を常に120%引き出す自己管理

小川晋平、俣野成敏 著
(クロスメディア・パブリッシング)

(2015年刊行)

「一向に人生が好転する気配はない」と感じているなら、成果を生まない悪習慣を続けているかもしれない——。著者はそう分析しています。また、**悪習慣を「成果を生み出す習慣」に変えていくことで、新しい視野が開けてくる**とも指摘しています。ここでは第4章「脳と体のキレを上げる『毎日の習慣』」から、3つのポイントをご紹介しましょう。

アイデアを考えるときは?

たとえば本の企画を考えるとしたら、多くの人は「いい企画を出そう」と悩むはず。しかし、それは正しいゴール設定ではないそう。なぜなら、そもそも「いい企画とはなにか」が決まっているわけではないから。むしろ、もっとも確実なゴール設定は「これを拒絶する人がいたらアホだ」と思えるアイデアを考えることだといいます。

また、「いい企画」は、会社の方針や部の戦略、上司の性格や考え方、市場環境によって変わるものでもあります。だからこそ、大枠を決めておく程度がいいようです。

ゴール設定ができたら、次は実際に考える段階ですが、アイデアを考える基本は「発散」と「収束」。ひたすら案を出すフェーズと、これぞというものを選ぶフェーズの2段階に分かれているというのです。

また、完璧だと思えるアイデアが出る可能性はそうそう高くないので、発散のフェーズでは数の多さにこだわりたいと著者はいいます。

収束のフェーズでは、ゴール設定を基準にしつつ、ひたすら悩み抜くことが大切だそうです。

判断するときは対極軸を考える

自分が絶対に正しいと思ったことでも、逆の意見は必ず存在するもの。著者はそれを**「対極軸の発想を持つ」**と表現しています。広い視座と高度な交渉術が求められるビジネスパーソンにとっては、真っ先に身につけておきたいスキルだとも。

ただし忘れるべきでないのは、下した判断の「基準」がわかっていないと反論のしようもないということ。なぜなら人が判断を下すとき、必要になるのは基準だから。つまり判断を下すという行為は、基準を考える行為でもあるのです。

感情は解釈次第でいくらでも変わる

上司から怒られたとき、「理不尽だ」と感情をむき出しにするか、「自分は将来、部下にこんなことはいわないようにしよう」と前向きに状況を分析するか。どちらを選ぶかは重要。

「リフレーミング」という家族療法の用語があるように、「とらえ方」を変えることによって、成果が出しやすい方向へと判断を変えていくことができそう。そのとらえ方とは、「自分はハッピーエンディングの物語の主人公であると信じること」だと著者は主張しています。

Points

- ■悪い習慣を捨て、よい習慣を積み重ねることで人生が開ける
- ■アイデアはゴール設定、発散、収束を意識
- ■判断するときは基準と対極軸の発想を持つ

世界のエリートがやっている 最高の休息法
「脳科学×瞑想」で集中力が高まる

久賀谷 亮（ダイヤモンド社）

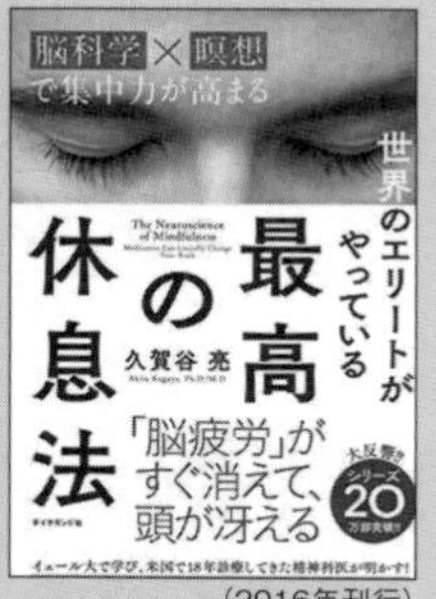

（2016年刊行）

脳の休息のためのマインドフルネス

著者はイェール大学で学び、現在はロサンゼルスのメンタルクリニックで院長をしている人物。クリニックを始めてから約6年にわたり、地域の人々の心の問題に向き合ってきたのだそうです。

本書の刊行当時、アメリカの精神医療においては、瞑想などを含んだ第3世代認知行動療法が最新トレンドとして注目されていたそう。**「脳の休息」**の重要性が認知されたということなのでしょう。

「なにも考えずにぼーっとすれば、脳は休まるだろう」と思いたくなりますが、そんなに簡単ではないようです。

脳は体重の2%ほどの大きさでありながら、身体が消費する全エネルギーの20%を使う「大食漢」。

さらに脳の消費エネルギーの大半は、デフォルト・モード・ネットワーク（ＤＭＮ）という脳回路に使われているのだといいます。これは自動車のアイドリングのようなもの。

つまり、ぼーっとしていてもＤＭＮが過剰に働き続ける限り、脳はどんどん疲れていくわけです。だからこそ「脳の休息」が大切だということで、マインドフルネスや瞑想などの休息法に注目が集まっていたのです。
　こうした考え方に基づく本書から、ここでは脳を疲れさせる要因のひとつである「怒り」をコントロールする「RAINの4ステップ」をご紹介したいと思います。

●怒りをRecognize（認識する）

　まず、**自分のなかに怒りが起きていることを認識するのが第一段階**。その際、「怒り」と「怒っている自分」を同一視しないのがポイントです。

●Accept（受け入れる）

　次は**「怒りが起きている」事実を受け入れるステップ**。その事実に価値評価を加えず、そのまま許すのです。

●Investigate（検証する）

　そして、**怒ったときに自分の身体になにが起きているかを検証**。心拍の変化、身体の緊張を観察するのです。

●Non-Identification（距離をとる）

　最後に、**自分の感情を個人的にとらえず、怒りを突き放して「他人事」のように考えます。**

　ちなみにこの方法は、怒り以外のさまざまな衝動（クレーヴィング）にも有効だそうです。なお、目的意識が強い人ほど、心のゆとりがなくなり、怒りをはじめとした衝動に走りやすいそうなので注意が必要。
　メインは物語形式の本編ですが、この部分だけでも試してみる価値は充分にありそうです。

Points

- ■脳はぼーっとしているだけでも疲れてしまう
- ■脳の休息のためにマインドフルネスは有効
- ■怒りは4つのステップでコントロールできる

1分間瞑想法

吉田昌生（フォレスト出版）

1分間
瞑想法
吉田昌生
1分間、目を閉じるだけで
悩み、不安、疲れの9割は消える。
短く、深く、瞑想する方法。

（2016年刊行）

本書で紹介されているのは、思考や感情を整え、自分を磨く方法としてのマインドフルネス瞑想法。著者は精神的な不調和を経験したことをきっかけに、瞑想、ヨガ、心理学などを通じて心身の研究を始めたという人物です。インドをはじめ35カ国以上を巡り、各地の瞑想やヨガを実践してきたのだそう。

その経験から実感するのは、瞑想で挫折する人の大半が、正しい瞑想の方法を理解しないまま、一度試しにやった程度で終わっていることだといいます。実は瞑想は難しいものではなく、もし効果が得られていないのであれば、正しいやり方とあり方を知らないだけなのだというのです。

ここではそんな考え方に基づく本書から、瞑想のメリットを5つご紹介したいと思います。

●メリット1　ストレスが減る

瞑想を習慣化すると、「いまここにある時間」が増え、考えすぎることが減るといいます。ストレスを感じるような思考が減っていき、物事の受け止め方や考え方が前向きになるため、心が楽になるのです。

●メリット2　体が健康になる

瞑想を習慣化することにより、**心身が安定し、免疫機能が上がり、病気にもなりにくくなる**のだそうです。

●メリット3　自然に痩せる

瞑想でストレスが減ると、ストレスによる食べすぎもなくなることに。気づきのトレーニングによって「意識的に」食べるようになるため、自然と食べる量も減っていくわけです。

●メリット4　ぐっすり眠れるようになる

慢性的にストレスを感じていると、交感神経が優位になって、眠りにくくなります。しかし**瞑想をすることによって自律神経のバランスが整い、ぐっすり眠れるようになる**そう。質のよい睡眠により、疲れも取れやすくなるのです。

●メリット5　肌がキレイになる

また、ぐっすり眠れるようになると、肌が健康でキレイになるという効果も加わるようです。さらには呼吸を意識することによって全身の血流もよくなり、**免疫力、自然治癒力が高まり、若返り、本来のベストな状態へ調整されていく**といいます。

著者によれば、これらは瞑想の効果のほんの一部。そして瞑想中は、効果を期待しすぎないようにすることが大切。期待しすぎると、それが執着となって瞑想が深まらないというのがその理由です。

瞑想で大切なのが「習慣化」です。そこで、まずは1日1分だけでもいいので、瞑想を習慣化することを著者はすすめています。「瞑想に関心はあるけれど、なにから始めたらいいのかわからない」という方は、ここからスタートしてみてはいかがでしょうか?

Points

- ■瞑想を習慣にする
- ■瞑想によってストレスが減り、健康になる
- ■痩せる、肌がキレイになるなどのメリットも

酒好き医師が教える

最高の飲み方

浅部伸一 監修、葉石 かおり 著
（日経BP社）

（2017年刊行）

「つい飲みすぎた」→「二日酔いでつらすぎる」→「もう二度と飲むものか（夕方にはまた〝飲みたいモード〟へ）」という悪循環は、お酒を飲む人にとっての普遍的な悩みです。

本書は〝酒ジャーナリスト〟を自称する著者が、酒好きの医師や専門家から〝カラダにいい飲み方〟を聞いてまとめたもの。心強い（気がする）のは、登場する医師や専門家の多くが自身も酒好きだったという点です。事実、ここでは各人が自身の経験談を交えつつ、「**どうすれば酒をやめることなく、長く健康でいられるか**」を教えてくれているのです。

第4章から、2つのポイントに焦点を当ててみましょう。

なぜ、ビールはたくさん飲めるのか？

短時間で3杯の大ジョッキを開けることもザラだという著者は、「どうしてビールはたくさん飲めるのに、水はたくさんは飲めないのだろう？」と疑問に思っていたのだそうです。

この現象に影響している可能性があると考えられているのが、胃から分泌される「ガストリン」というホルモンの存在なのだとか。

そして、この問いに答えている東海大学医学部の松嶋成志教授は、「ビールの飲みすぎは翌日まで響くので、翌日つらい思いをしないためにも、水分をしっかりとってください」と助言しています。とはいえ水をチェイサーにしながらビールを飲むのも難しいので、せめて、**飲み会の最後や帰宅後に、水を飲むようにしたい**とのこと。

酒は鍛えれば強くなる？

学生時代に先輩から「酒は鍛えれば飲めるようになる」という迷信めいたことをいわれ、無理やりつきあわされた方も決して少なくないはず。でも実際のところ、酒に強い人・弱い人はどう決まるのでしょうか？

肝臓専門医で自治医科大学附属さいたま医療センターの浅部伸一医師によると、**酒に強くなれるかどうかは遺伝子によって決められているのだ**そうです。

結論としては「鍛えると強くなる」は一面ではあり得ることのようですが、「無理に〝鍛えよう〟などと思ってはいけない」と浅部さんは忠告しています。また、「アルコールに依存しやすいのは、日本人を含む黄色人種の50％程度に存在する『酒豪』ではなく、40％程度存在する『強くなる可能性があるタイプ』」だとも。このタイプは最悪の場合、アルコール依存症になってしまうこともあるそうです。

大切なのは、無理をせず、その日の自分の体調と相談しながら、二日酔いにならない程度の酒量を守ること。それこそが、細く長く、酒飲みライフを楽しむコツだというわけです。

Points

- ■飲みすぎ→二日酔いのループにはまらないための飲酒法
- ■チェイサーが無理なら、お酒を飲んだあとは水を飲む
- ■「鍛えたらお酒に強くなる」は間違いではないが正しくもない

■その読書は自分のもの

前述したとおり、本書で扱った書籍の大半はビジネス書です。ビジネス書にはしばしば、「仕事のために読まなければならない」という事情が絡んできたりもするので、面倒だなと感じることもあるかもしれません。「読め」と押しつけられたような気分になると、読書という行為が義務的になってしまうからです。

そのことについては、僕の読書観の礎になった小学校高学年のころの体験を記しておきたいと思います。

きっかけは、当時の音楽雑誌で見た井上陽水さんのインタビュー記事でした。もう50年近く前のことなのでくわしいところまでは覚えていませんが、陽水さんはそこで読書が好きな理由について、「本を読むと、自分の内部に知識がたくわえられていくから」と答えていたのです。

それは、思春期にすら到達していない子どもにとっても説得力を感じさせるものでした。ですからそれ以来、僕にとっての読書は「楽しむもの」であると同時に「知識を蓄積するもの」ともなったのです。

そんな体験があるからこそ、そうやって考えてみれば、読書は多少なりとも「楽しいもの」になるのではないだろうかと強く感じるのです。

もちろん、なかには理解できなかったり、しっくりこない本もあるものです。そうなると悩んでしまいがちですが、それは単にその本と相性がよくなかっただけのこと。人間関係と似たようなものなので、そういう場合は「合わなかったんだな」と割り切ればいい。そして、別の本のページを開いてみればいいのです。

なにしろ、その読書は自分のものなのですから。

lifehackerの視点

好きな本を読む

ライフハッカーでは「毎日書評」を通じてたくさんの本を紹介しています。これは「(こーんなにいっぱいあるけど)好きな本を読んでね」というメッセージと位置づけています。新刊を中心に毎日本を紹介いただだいていますが、読者の方にあれもこれも読みなさいとプレッシャーをかけているわけではありません(笑)。人づきあいと同じで、人と本の間にも相性がある。だから、無理も背伸びもしないで、相性がよくて今の自分にしっくりくる本から必要な栄養、いや教養や知識を吸収するのがよいのではないでしょうか。ときどき、ちょっと背伸びしたり普段手に取らない本を手に取ると、新しい世界がぐんと開けることもある。

有名な経営者やキレキレのビジネスパーソンに話を聞くと「漫画から学んだ」とおっしゃることも。印南さんも書かれている通り、読書は「その人なり」でいい。だからこそ、「毎日書評」を通じて、その人らしい読書のお手伝いができたらいいなと思います。

おわりに

さて、本書を終えるにあたり、僕がつねづね口にしている大切なことをここにも書き残しておきたいと思います。書評家としての自分の役割について。

書評家には、「専門的な人」というようなイメージがついてまわるのではないかと思います。

しかし僕は、自分に与えられた役割は「ドアを開けること」だけだと考えています。「この先におもしろいものがありますよ、興味があるならどうぞ」とドアを開けるだけで、「右に行け」とか「左に進め」とか指示するべきではないということ。もっとわかりやすくいうと、「この本にはこういうことが書いてあるから、それをしっかり理解しなさい」ではなく、「僕はおもしろいと思ったから、興味を持てたら読んでみたら？」というところにとどまる必要があると考えているわけです。

なぜなら、なにをどう読むかは本人が決めるべきで、決して押しつけてはいけないから。つまり、ドアを開けた先をどう進むかは本人が決めることなのです。間違っても、「紹介者」

であるべき自分が「これを右に行ってください。その次を左です」などと指示してはいけない。したがって、自分にできること、すべきことは、「進んでみようかな」と思ってもらえるように「ドアを開けること」しかないと考えているのです。

ですから本書でも、いろいろな書籍に関するドアを開けておいたつもりです。そのいくつかに興味を持っていただけたとしたら、それほどうれしいことはありません。

最後になりますが、本書の刊行に際して尽力してくださった「ライフハッカー・ジャパン」編集長の遠藤祐子氏、副編集長の丸山美沙氏、日本実業出版社の山田聖子氏に感謝いたします。

2022年11月　印南敦史

印南敦史（いんなみ　あつし）
1962年東京生まれ。広告代理店勤務時代に音楽ライターとなり、音楽雑誌の編集長を経て独立。「1ページ5分」の超・遅読家だったにもかかわらず、ビジネスパーソンに人気のウェブ媒体「ライフハッカー・ジャパン」で書評欄を担当することになって以来、大量の本をすばやく読む方法を発見。年間1000冊以上という驚異的な読書量を誇る。おもな著書に『遅読家のための読書術』（PHP研究所）などがある。

いま自分《じぶん》に必要《ひつよう》なビジネススキルが1テーマ3冊《さつ》で身《み》につく本《ほん》

2023年1月1日　初版発行

著　者　印南敦史
発行者　杉本淳一

発行所　株式会社日本実業出版社　東京都新宿区市谷本村町3-29 〒162-0845
編集部　☎03-3268-5651
営業部　☎03-3268-5161　振　替　00170-1-25349
https://www.njg.co.jp/

印刷／壮光舎　製本／共栄社

ISBN 978-4-534-05973-4　Printed in JAPAN